Empieza por los zapatos

# Empieza por los zapatos

Conecta con tu esencia
y descubre el estilo que te hace feliz

Andrea Amoretti

Plataforma
Editorial

Primera edición en esta colección: abril de 2018

© Andrea Amoretti, 2018
© de la presente edición: Plataforma Editorial, 2018

Plataforma Editorial
c/ Muntaner, 269, entlo. 1ª – 08021 Barcelona
Tel.: (+34) 93 494 79 99 – Fax: (+34) 93 419 23 14
www.plataformaeditorial.com
info@plataformaeditorial.com

Depósito legal: B-6.918-2018
ISBN: 978-84-17376-07-9
IBIC: VS

*Printed in Spain* – Impreso en España

Diseño y realización de cubierta:
Ariadna Oliver

Fotocomposición:
Grafime

El papel que se ha utilizado para imprimir este libro proviene
de explotaciones forestales controladas, donde se respetan
los valores ecológicos, sociales y el desarrollo sostenible del bosque.

Impresión:
Liberdúplex
Sant Llorenç d'Hortons

# Índice

# Índice

A todas las mujeres que creen en su felicidad
con el deseo de que este libro
sea música para su estilo

A mi madre

# Empieza por los zapatos |

No es solo el mejor consejo de estilo que te puedo dar. Es, además, una metáfora que expresa cómo el estilo empieza dentro de ti cuando se produce la magia de conectar con lo que eres. Cuando se convierte en una expresión de ti y de toda esa suma de cosas que te hacen única e irrepetible.

Si me pidieras que definiese el estilo con una sola palabra, te diría que es esencia.

Los zapatos son en este libro un símbolo: el de la fuerza de tu yo presente en tu estilo. Tú conectada con tu esencia. Mi visión del estilo va de eso, de imaginar «los zapatos» como nuestra esencia y empezar a vestirnos desde ahí.

Cada día, al elegir nuestra ropa, tenemos la oportunidad de tomar conciencia de nosotros mismos. Y celebrarnos vestidos de lo que somos en ese momento, ese preciso día. Sin otro tiempo verbal para el estilo que el presente.

«Empieza por los zapatos» es un grito de autoafirmación que dice que solo haces falta tú para tener estilo.

Creo en el estilo como una manera de entender la vida y como una actitud con nosotros que tiene un efecto expansivo que lo contagia todo.

En mi historia de amor con el estilo he descubierto lo mucho que se parecen el estilo y la felicidad. Y cómo ambas cosas se relacionan y ayudan profundamente. Creo que una mujer que encuentra su estilo es una mujer más feliz. Y que un mundo lleno de mujeres felices es un mundo más feliz. Es la felicidad de las mujeres la que me importa. Eso es lo que mueve mi trabajo, mis palabras y mi vida.

Olvidamos con facilidad lo que más necesitamos recordar. Y el estilo tiene ese don, sencillo y complejo, de ayudarnos a recordar cosas importantes, de ponerlo todo en su sitio, de volverlo más completo y más bello, lo que significa más humano.

En tu estilo no hay puntos finales ni metas. Solo continuos puntos y seguidos. Y algunas veces, puntos y aparte. Solo hay un punto final, ni uno más.

Vivir nos descubre quiénes somos y nuestro estilo nos enseña a vivir.

Todos tenemos estilo. O al menos podemos tenerlo.

Creo que el estilo es posible, la belleza, necesaria y la felicidad, cotidiana.

Y que tanto el estilo como la felicidad son cosas que elegimos. Y que al hacerlo nos devuelven una mirada completa hacia nosotros mismos.

¿Quieres mirar conmigo?

# 1.
## Esos otros zapatos

«Nuestro miedo más profundo no es que seamos inadecuados. Nuestro miedo más profundo es que somos poderosos sin límite. Es nuestra luz, no nuestra oscuridad, la que más nos asusta. Nos preguntamos: ¿quién soy yo para ser brillante, precioso, talentoso y fabuloso? En realidad, ¿quién eres tú para no serlo?»

MARIANNE WILLIAMSON

Me molestan los eufemismos, los cables y la arrogancia. Y sé que es posible quererse sin conocerse. Me conmueven las personas sencillas, la gente que se emociona y los libros. A veces sucede que me pierdo en algún lugar entre mi cuerpo, mi mente y mi alma. Pero cada vez conozco más atajos de vuelta. Proceso despacio, pero no se me escapa un detalle. Y si me necesitas, me encuentras. Resulta que he terminado por ser la nómada que nunca soñé y que eso se parece a vivir varias veces. Siempre que me dejo el pelo largo vuelvo a cortármelo con la pasión del que vuelve al *look* de su vida. Creo que para compartir de verdad hay que callar muchas más cosas. Y desde hace poco practico el mejor ritual para abrazar ausencias. Cuando echarla de menos se me revuelve por dentro, me escondo en su cuarto. No hay nada como quedarme dormida en su cama agarrada a ese oso que ella ni siquiera recuerda haber dejado atrás. Aunque no sé a qué viene contarte todo esto. Serán cosas nuestras de ventanas y domingos. Supongo.

# EL ESTILO
# ES PASIÓN
# POR UNO MISMO

## La magia de vestirse cada día

Puede parecerte un acto irrelevante, pero no lo es.

En el gesto de elegir tu ropa cada mañana entran en juego muchas cosas importantes y se ponen en marcha algunas otras. Y todas son de las que marcan la diferencia y apuntan hacia tu felicidad. O al menos hacia tu alegría.

Vestirse es un gesto cotidiano cargado de sentido. Y es en él donde reside gran parte de la magia del estilo y de su enorme capacidad para hacernos felices. Vistiéndote insistes en elegirte cada día, sin cansarte de contarle al mundo quién eres.

Un día más y nunca de la misma manera.

Nuestro estilo, que es mucho más que nuestra ropa, es una herramienta de felicidad. Mucho más sencilla de usar de lo que crees y totalmente ordinaria, con todo el encanto que encierra esa palabra. Porque todos tenemos estilo. Y tú te mereces encontrar el tuyo.

Es parte de lo que somos como seres humanos, como mujeres. Hasta en las tribus más recónditas y con apenas algunos elementos sobre sus cuerpos no verás a dos personas iguales. Nos vestimos para cubrirnos y protegernos del clima, pero, sobre todo, lo hacemos para comunicarnos. Con los demás y con nosotros mismos.

El ser humano se comunica con su imagen. De una manera extraordinaria, porque no podemos separarnos de esa realidad. No podríamos, aunque quisiéramos, anular esa dimensión de nuestras personas. Nuestra imagen, nuestro físico, nuestro cuerpo es una parte indisoluble de lo que somos. Y conectar con esa idea nos coloca frente al estilo como una de las expresiones más humanas.

La relación con tu imagen, incluso cuando no piensas en ella, te llena de fuerza, de capacidad de conexión y te prepara para vivir de dentro a fuera. En ese gesto de abrir las puertas del armario a diario, y en muchos otros, está escondida la maravillosa relación con nuestro estilo. Única e irrepetible como todas las cosas en las que tú eres protagonista.

Y ahí está el estilo todos los días y en todas las etapas de nuestra vida haciendo lo que mejor sabe hacer: poner las cosas en su sitio y volverlas más bonitas. Que no es otra cosa que hacerlas más completas, más íntegras.

«La atención es la forma más rara y más pura de generosidad», decía Simone Weil. Y el estilo es algo así. Es la atención por nosotros mismos, el descubrimiento y la conexión con lo que somos poco a poco, día a día, al tiempo que nos vamos enamorando de la belleza.

Y desde esta perspectiva vestirnos se convierte en un completo acto de amor. Estás manteniendo una conversación contigo misma que transformará la manera en la que te cuidas. Que casi siempre es menos amorosa de lo que debería ser.

Descubrirnos y disfrutar de la experiencia del estilo para ser más nosotros. Para ser más felices. Y no solo porque vernos bien nos saque una sonrisa, experiencia del todo universal, sino porque nuestro propio estilo es, además, un camino que nos lleva hacia nuestra propia esencia.

Cada vez que nos reconocemos en lo que llevamos puesto identificamos lo que nos hace únicos. Somos un poco más cuando se nos ve bien conforme a esa esencia. Delante de nuestros propios ojos y a los ojos de nuestro mundo.

Negar nuestra propia imagen es como borrar un trozo de nosotros. Es quedarnos incompletos. Es querernos con «cuidadito», pero sin pasión. Es andar de puntillas en lugar de pisar firme (o suave) con «nuestros zapatos». Es mirar hacia otro lado y dejar de ser ambiciosos con nuestra felicidad.

Con esa alegría cotidiana y natural, antesala de la plenitud, y tan necesaria porque entiende de conexión, de pasión y de cosas sencillas. No sé si la felicidad es realmente alcanzable, pero a menudo, en el armario y en tantas cosas que tienen que ver con el estilo, me ha parecido más fácil descifrarla.

Es importante desterrar de nuestras cabezas la idea de que el estilo no es importante. Dudar de su valor es perder un trozo de nuestra fuerza. Y un mucho de nuestra esencia.

Algo así como un yo quiero y yo puedo. Sin pasar por el me gustaría, el podría o el querría. Dirigirnos directamente al querer significa poder.

Puede que no sepamos dónde encontrarlo, que tengamos cosas por descubrir, pero nunca, por difícil que pueda parecerte, por muy profunda que sea tu crisis, pactes con la idea de que el estilo no importa. O de que tú no lo tienes.

Creer que las cosas externas son superficiales es dejar de lado el lenguaje de la belleza y toda su enorme capacidad de enriquecer nuestra vida. Como decía el fotógrafo mexicano Manuel Álvarez Bravo, «si quieres ver lo invisible, observa con atención lo visible».

La belleza conecta con nosotros por dentro. Nos explica cosas que no vemos. Y nos contagia. La belleza llama a la belleza.

# LA BELLEZA ES UN ESTADO MENTAL

Ponerlo en la categoría de las cosas que pueden esperar, que no son prioritarias o que no son importantes es olvidar que tu aspecto, y con él tu estilo, son parte indisoluble de lo que eres. Y lo que eres lo necesitas para poder ser feliz.

## El estilo como algo ordinario

Es importante para vivir la experiencia del estilo verlo como algo ordinario. Llenarlo de naturalidad. Convivir con su realidad en nuestro día a día. Que no es ni más ni menos que llenar nuestra vida de belleza.

El estilo no es para las ocasiones especiales o para momentos puntuales. Es una experiencia mucho más constante y central en nuestra vida de lo que a veces creemos. Y cuando caemos en la cuenta y lo descubrimos, abrimos de par en par las puertas de la belleza en nuestra vida.

Empezando por la nuestra propia.

Es importante ocuparte del estilo en primer lugar para quitarle importancia después. En algún momento, o en todos los que haga falta, debes ocuparte de él para conseguir que funcione en esa frecuencia de la naturalidad.

Y es que no hay un escenario mejor para desarrollarlo que el entorno imperfecto y amable de lo cotidiano. El valor de lo ordinario nos devuelve a nuestro centro, nos ayuda a entendernos poco a poco, casi sin darnos cuenta. Sin prisa. Sin presiones. Sin pretensiones. Celebrando momentos y encontrando ilusiones.

Seguramente es uno de los aprendizajes más silenciosos, pero no por eso menos importante. Y así nos vestimos, mientras descubrimos de qué estamos hechos y llenamos nuestros días de lo que nos hace felices.

En tu mundo, en los tuyos y en ti misma están todas las dosis de belleza necesarias. Y si las buscas y las cultivas, no pararán de multiplicarse.

Sin necesidad de que ocurran grandes cosas, y aun cuando ocurren, pararse a buscar la belleza, elegirla y descifrarla en el alma es esa manera de vivir que colma nuestro sueño de plenitud.

¿Habías pensado en tu armario como un mundo lleno de tanto?

Aceptado todo esto, ya solo necesitas tener tu propio plan. No uno tan estructurado como la palabra evoca, pero uno, al fin y al cabo. Compuesto por una buena suma de detalles: nuestra actitud, nuestra vida y la manera en la que elegimos vivirla.

# PARA
# TENER ESTILO,
# PRIMERO HAY
# QUE QUERER
# TENERLO

Un plan que se lo juega casi todo en su compromiso con tu esencia y en todo lo que seamos capaces de hacer girar a su alrededor. Tener y hacer son, y serán siempre, consecuencias ordenadas al ser. También en el mundo de la belleza. O al menos si queremos que tengan un sentido y que conecten con nuestra felicidad.

Tenemos entre manos, entonces, un plan lleno de tu esencia: tu ropa, los placeres cotidianos, tus sueños, tus luchas y especialmente tus penas. Tu ser humano y femenino. Tus viajes hacia el interior y por el mundo, los detalles elegidos y los observados. Tu historia, la manera en la que cuidas de ti misma y las cosas que alimentan tu alma. Tus amores y desamores y todas las cosas que siempre están por llegar. Espero que este libro sea esa conversación amable para que puedas dibujar tu plan.

Largas pestañas, tacones, vaqueros y horas delante del espejo. Todo eso es mucho más accesorio de lo que parece a simple vista.

El estilo es el viaje más profundo, largo y dulce de toda tu vida. Y aunque en tu maleta no faltarán espejos y armarios llenos de autenticidad, lo único que de verdad necesitas es saber quién eres.

## Primero en tu cabeza

Suelo afirmar que el estilo empieza en el armario. Y así es desde una perspectiva más funcional. Pero en realidad donde de verdad empieza es en las palabras. Sobre todo en esas que te dices cuando nadie te oye. Especialmente en esas que a fuerza de oírnoslas hemos terminado por creer. Esas que sin saberlo construyen nuestra realidad y moldean nuestro ser.

Nos alimentamos de lo que nos decimos. Sin darnos cuenta de que es justo en ese diálogo interior donde reside nuestra fuerza. Tardé treinta y siete años en darme cuenta de que me hablaba a mí misma. De que lo hacía todo el rato. De que lo hacemos todos. Y casi nunca nos sale de manera natural hacerlo de forma positiva.

Solo en la medida en la que he ido apoderándome de mi lenguaje interior he ido tomando el control. Aunque poco me gusta esa palabra, porque este proceso más bien significa todo lo contrario. Escuchar para cambiar llenando nuestro discurso de amor y realidad.

Lo que sucede con las palabras y las ideas en nuestra cabeza no es solo que en sí mismas limiten el entendimiento de lo que es el estilo o que dificulten en consecuencia nuestra capacidad de desarrollarlo con plenitud,

ENCONTRARÁS
TU ESTILO
SI TE ENAMORAS
DE LA BELLEZA,
SOBRE TODO DE
LA TUYA

el problema es que a menudo limitan lo que en realidad somos.

Si cambias tus pensamientos, cambias tus sentimientos. No nos pone furiosos o tristes lo que nos pasa, sino lo que nosotros pensamos de lo que nos pasa. Los límites más grandes no están en nuestro físico o en las cargas de nuestra existencia. Nuestros límites viven en nuestra cabeza. Y nuestros defectos crecen, sobre todo, ahí dentro. Al igual que nuestras alas.

Descubrir que puedes meterte en tu cabeza y moldearla es algo maravilloso de consecuencias difíciles de calcular.

## Algunas ideas equivocadas

La primera de esas ideas equivocadas más comúnmente aceptadas como buenas es que **se nace con estilo**.

A menudo creemos que las imágenes «perfectas» de mujeres que vemos de una u otra manera son el resultado de algo natural que solo tienen algunas personas. Pensamos con bastante convicción que si no te caes así de la cama es que «a ti no te ha tocado tener estilo».

Y la realidad, sin embargo, es que el estilo, sobre todo, se hace. A golpe de vida, de elección, de personalidad y de mucho de lo que veremos en estas páginas. El estilo se hace, como nos vamos haciendo nosotros, porque no podría ser de otra manera.

Empezamos desde el primer momento. Con nuestras primeras ropas, mantitas y sábanas en la cuna. Desde el primer contacto con la piel de nuestra madre, en los primeros olores, con los nuevos sonidos, y así en un proceso que ya nunca termina, que nunca acaba porque nunca deja de enriquecerse. Y esta idea me parece apasionante.

Afirmar que se nace con estilo en el sentido en el que nos lo quieren contar una y otra vez es reducir la magia del estilo a una imagen puntual y casi siempre fabricada por toda una industria.

Es despojar el estilo de su capacidad para la evolución continua, su naturalidad y su lenguaje de cambio más genuino. Es confundir el todo con las partes.

El estilo se hace, se hace y se hace. Y cuanto más conscientes seamos de eso, más podremos influir en el nuestro, apoderarnos de él y facilitar entornos donde nosotros y los nuestros se encuentren con el suyo lo antes posible.

Negar que el estilo se hace supone negar que el estilo y nuestra evolución como personas van completamente de la mano. Y separarlos nos lleva a perdernos todas las bondades de ambas realidades unidas en nosotros y en nuestras vidas.

El problema radica en que muchas veces confundimos las nociones más básicas de lo que es el estilo con las reglas del mundo de la imagen, la comunicación y la moda. Y aunque son mundos con algunas cosas en común, no son tan cercanos como podría parecer. Casi diría que son como primos lejanos que aprendieron a llevarse bien con el tiempo.

Muy cerca de esta idea se esconde otra igual de desterrable: **el estilo se consigue sin esfuerzo**. El famoso *effortless* que tiñe el mundo del estilo o de las personas que hemos etiquetado como personas estilosas de un «nosesabequé».

Debajo de esas personalidades atractivas y únicas hay algo que no está alejado de todos nosotros. Hay una actitud y una suma de actos, más o menos conscientes, para conseguir esa imagen «soñada». Es una mezcla de admiración y aspiración imposible la que muchas veces nos paraliza. Y nos deja solo en el papel de contempladores de la belleza de otros, olvidando que tenemos la nuestra en nuestras propias manos.

Que en el resultado final no se note el esfuerzo es parte del éxito de un estilo propio. Pero eso no significa que cn cl proceso hasta llegar ahí no haya estado presente de muchas maneras distintas.

Dicho de otro modo, la regla es totalmente inversa. Cuanto más *effortless* te parezca el estilo de alguien, más esfuerzo hay detrás. Lo que incluye más compromiso, más actitud y más personalidad. Cosas, por otra parte, que están al alcance de cualquiera que quiera elegirlas.

Y por esfuerzo no entiendo haber tenido que pasar demasiadas horas delante del espejo. Casi siempre esas dosis de esfuerzo «del que no se nota» están puestas en otros sitios.

Algo similar le ocurre a esa idea tan extendida, al menos mientras escribo este libro, y fruto de una realidad alterada por las redes sociales, de que **lo real no puede ser bonito**.

Las fotos bonitas no significan una vida perfecta.

No quiero insultar a la inteligencia de nadie diciendo algo que a todas luces es obvio, pero igualmente lo es que a menudo se nos olvida. A todos.

Tampoco creo que necesiten ser feas para ser más reales, ni que ganáramos demasiado por quedarnos sin fotos bonitas. La belleza de una imagen no es el problema. La clave está en la intención del que comparte y del que la recibe.

# SI ES MUY TÚ, TIENE ESTILO

Y ambas se mezclan irremediablemente con resultados totalmente diversos. La misma foto que a alguien lo inspira a otro le reviente. Sobre todo, porque mezclamos lo que vemos con lo que llevamos nosotros dentro.

Cuánto representa la vida del que hace o comparte la foto depende de muchas cosas: lo buen fotógrafo que sea, lo especial del momento capturado, lo que haya tenido que trabajar la escena para comunicar algo, lo pegadas que las haga de su día a día, cuántas veces haya disparado hasta conseguir la «buena»... La lista es enorme.

Son instantes de belleza que en la vida del que los posee están irremediablemente mezclados con su contrario, para darle sentido, para mantenernos vivos: lo bonito y lo feo, lo bueno y malo, la felicidad y la pena... Somos una mezcla explosiva de todo a la vez. Y eso no puede ser más terriblemente bello.

Lo bonito y lo feo conviven en las vidas de todos. Y se necesitan mutuamente para tener sentido.

Como las penas de estilo y sus crisis, que te acompañarán toda la vida en distintos momentos, contándote la historia de dónde estás y recordándote lo único que importa: ser simplemente tú misma.

# 2.
## Ambiciosamente tú

«Pero ¿qué es la felicidad sino el simple acuerdo entre un ser y la existencia que lleva? Poseer la fuerza de escoger lo que preferimos y atenernos a ello. O si no más vale morir».

ALBERT CAMUS

La historia es de cuando bebía café por las mañanas y vivía en Barcelona. Dejémosla sin fecha. Y es una historia de bar, de esos de barrio pegados a la puerta de casa. Siempre aparecía a medio arreglar, acelerada y llegando tarde. Lo último sigue sin cambiar. Aun sabiendo la respuesta, todas las mañanas me preguntaba lo mismo. Si hoy fuera al pasado, debería pedirle: «Café que sabe a rayos y mini de jamón serrano del que aún recuerdo su sabor». Es curioso, porque no me acuerdo de su nombre, ni del del bar, pero todas las mañanas teníamos grandes conversaciones. Y eran siempre las que tocaban ese día. Como si aquella barra escuchase el pulso de nuestros corazones. Me fui sin despedirme. Ni de él ni de su bar. O quizás no. Ahora que lo pienso, mi última mirada cómplice fue a su puerta. Quién me iba a decir a mí aquel día que estaba empezando a escribir la gran historia de mi vida. Por qué nadie nos felicita justo en esos momentos horribles en los que tan perdido te sientes. Por qué no aparecen entonces los señores sabios de barra de bar diciéndote: «Chica, estás a punto de hacer historia, termina de beberte este café y no pares hasta encontrarte». Por qué nadie nos dice que son justo esas lágrimas las que terminarás queriendo besar. Supongo que es una de esas cosas que se le han encargado al tiempo. Y él acostumbra a tener sus ritmos. Y sus secretos. Y qué quieres que te diga, resulta que en la vida hay más de una barra, aunque sean distintas, que entienden de pulsos y de vida. Y que están llenas de personas a las que querrías pagarles una ronda.

# VESTIRSE ES ELEGIRSE

## Vestir-te

Fluir no consiste en no hacer nada, sino en estar enfo cado. Tiene que ver con estar en movimiento con intención. Fluir no es dejarse llevar, sino estar comprometido y hacerlo con todos nuestros sentidos. Incluido, especialmente, el sexto.

Llevar esto a la búsqueda del estilo verdadero se traduce en estar ocupados aceptándonos. En elegirnos sin peros, todo el tiempo. Y en querernos sin condiciones. Sin olvidar que todos tenemos estilo. Y que eso impacta directamente en tu felicidad.

Porque si hay algo más relevante que la idea de la felicidad es que hace falta alguien para que esta suceda. Dicho de otra manera, es tu felicidad la que importa.

Y eso incluye tanto la definición que tú tengas de ella como las cosas que hagas para encontrarla. La felicidad nunca será lo mismo para dos personas distintas, aunque ambas la busquen con la misma intensidad.

Y entonces recuerdo lo que escribió José Tolentino Mendonça sobre que «vivir es así de simple, solo necesitamos redescubrirlo, despojarnos de lo mucho que nos interfiere y abandonarnos a su flujo inexorable. A menudo estamos alienados de la vida, separados de ella por una muralla de discursos, de angustias, de confusas esperanzas. Tenemos que perforar ese muro». Vestirse con autenticidad y conciencia es perforarlo. Vestirnos de nosotros mismos para la vida que nos ha tocado vivir. Y, al hacerlo, ponérnoslo fácil porque nos damos protagonismo, ese que no debería ser negociable porque nuestra vida nos necesita presentes, siendo con todas las letras. Y justo en este momento.

Solo hay un tiempo verbal para el estilo, al igual que solo hay uno para la vida. Descifrar nuestro estilo solo funciona en clave de presente. Y esto que puede sonar tan sencillo es difícil hacerlo suceder.

Alimentados por las ideas que tenemos de nosotros mismos, y llevados por nuestro estilo de vida, es fácil que estemos vistiendo a la persona que éramos, a la que creemos que somos o a la que querríamos ser. Nos vestimos muchas veces desde la nostalgia, el recuerdo o la ensoñación.

Pero de todas las opciones posibles la única que cuenta es la de vestirse hoy. Y hacerlo con todo lo que eres en este preciso momento. Por dentro y por fuera. Conectando tus dos dimensiones en uno de los diálogos silenciosos más bonitos que existen.

# ¿TE VISTES O TE ESCONDES?

Tú, hoy.

Tú, ahora.

Tú, vestido de lo que eres.

## ¿Cómo encuentro mi estilo?

Una de las preguntas que más nos repetimos una vez que hemos admitido que tenemos estilo es: ¿y yo cómo encuentro el mío?

Pese a ser algo tan nuestro y tan humano, encontrar nuestro estilo a veces no es sencillo. Creo que, sobre todo, porque creemos que armarios y estilo tienen que funcionar solos. Y cuando no lo hacen culpamos, directa y erróneamente, a nuestra falta de estilo.

En realidad, lo único que demuestra eso es que tal vez sea algo más complejo de lo que parece a simple vista. Y que para que funcione hay que sumar varios ingredientes. Y algunos en los que quizás nunca habíamos pensado.

No todos estamos en el mismo punto ni necesitamos las mismas respuestas. Que sea una pregunta que se repite con frecuencia lo revela como una realidad muy rica en la que entran en juego muchas cosas, lo que refuerza la idea de que el estilo es un continuo *work in progress*.

Me gusta imaginar el estilo como un vestido. Y usar esta imagen como medida para cada momento. Si me aprieta, me queda grande o simplemente me sienta bien. Si me gusta, si me atrevo y cómo me siento de cómoda en la piel de mi estilo.

He tardado muchos años en verme como realmente soy. Y no creo que sea algo que me haya pasado solo a mí. Lo normal es recorrer un largo camino hasta descubrirnos.

Nadie deja nunca de conocerse y el paso del tiempo nos va devolviendo una imagen cada vez más precisa de quienes somos. No conozco otra manera. Un pie detrás de otro y cada cosa a su tiempo.

Auto-conocimiento, palabras, emociones, las ideas en tu cabeza, las cosas que te dices, las que te pasan, el tiempo que te dedicas... En un camino continuo que nunca termina. En una gran conversación entre lo de dentro y lo de fuera. Un diálogo continuo que nos coloca en el centro de nuestra existencia y que se alimenta de absolutamente todo.

Descubrir y aceptar quién eres es irremediablemente una cuestión de tiempo. Y esa es una de las claves.

Dejar de pensar que el estilo es algo solamente exterior y atrevernos a definirlo desde dentro es una expe-

NUNCA
TE CANSES
DE CONTARLE AL
MUNDO QUIÉN
ERES

riencia vital maravillosa que dura toda la vida. Puede que pensemos que como es algo nuestro tendríamos que conocerlo desde siempre. Pero no es así.

El estilo es a todas luces un proceso continuo que necesita tiempo. Aunque no es simplemente dejar pasar el tiempo, sino hacerlo con conciencia e intención. Es importante querer tener estilo para encontrarlo. Es sencillo, pero muy poderoso a la vez.

Y una de las cosas que me parece que guían mejor esa intención en el tiempo es ponerle palabras. Y pocas veces las usamos para lo que nos ocupa.

Escribir sobre estilo, describirlo, tener lemas, frases, identificarlo verbalmente nos ayuda a construirlo. Debemos trabajar en esa dimensión para apoderarnos de nuestro discurso interior y hacerlo de manera eficaz y concreta.

Será difícil que encuentres a muchas mujeres que te respondan rápidamente con tres palabras a cómo es su estilo. O incluso, algo muy revelador también, cómo les gustaría que fuese. Y no porque no lo sepan, sino porque nunca se han parado a pensarlo.

Y eso nos lleva a una de mis maneras predilectas de encontrar nuestro estilo. A un ingrediente casi mágico: las palabras.

## Quedarse en silencio

Como decía Picasso: «Sin soledad ningún trabajo serio es posible».

Quedarse a solas, que se haga el silencio, me parece también condición indispensable para encontrar nuestro estilo. Y eso en una sociedad como la nuestra, llena de prisas, apariencias y ruido, puede parecer imposible. Pero no lo es.

Silencio es muchas cosas. Es calma, no tener prisa, ausencia de ruido, detalles, naturaleza, risas, escuchar, observar... Y hacer con todo eso, y más, en una mezcla silenciosa que solo tú conoces. Y que solo tú puedes hacer.

Si quieres ganar altura, tienes que llegar al fondo. Si quieres ser, tienes que buscar. Y si quieres encontrar tu estilo, tienes que quedarte en silencio.

En el estilo no todo puede ser acción: comprar, poner, quitar, tener, hacer... Es necesario pararse, reflexionar, observar, dejar de comprar, repetir... Cambiar la manera en la que nos aproximamos para volverlo más consciente. Y eso es a menudo un problema que tiene que ver con el ruido, las distracciones y el ritmo.

Imagina una de esas mañanas en las que te vistes casi a oscuras, medio dormida y con prisa. Hay muchas opciones de que, además, tu armario no esté tan ordenado como querrías y que no encuentres lo que buscas. O, incluso, que no recuerdes lo que tienes

Párate un momento y dime qué ves ahí.

Por encima de algunas otras cosas, yo sobre todo veo ruido. De ese que nos distrae del sentido verdadero y nos hace perder esa conciencia que nos devuelve a nuestros cuerpos y nos enlaza con el presente.

Pongamos juntas algunas palabras de las últimas páginas: conciencia, intención, tiempo y conexión. Imagina ahora que todo eso está en alianza con el asombroso poder del silencio. Que no es otro que conseguir que las cosas simplemente sean. Y, que eso suceda de una manera pura, auténtica y abierta al cambio, con mucha menos resistencia.

A veces parece fácil, otras, difícil. No es un proceso lineal, pero el éxito depende de cuánto estés de conectado contigo y con tu estilo. Casi como dos caras de la misma moneda. Decía Chesterton que «cuando algo merece la pena, merece la pena hacerlo a toda costa». Lo que nos ocupa es, sin duda, una de esas cosas.

Déjame que te diga algo antes de seguir avanzando: no existe un estilo ideal, solo existe el estilo vivido. Y cuanto más lo sea, más ideal será.

# PARA QUERERSE HAY QUE SOÑARSE

Vivir la experiencia del estilo es lo que te pone en marcha y lo llena de vida. Y una vez que lo experimentas, como diría Bruce Lee, ya no hay límites.

La búsqueda de la felicidad es la conquista de un diamante de muchas caras. Y yo defiendo el estilo como una de las caras más poderosas. Si te vuelves ambiciosa con tu estilo, te vuelves también ambiciosa con tu felicidad.

Es una idea que merece ser desgranada de muchas maneras y desde muchos prismas, pero que bien podría quedar rotundamente dicha en una sola frase: el estilo es una historia de amor y de conexión.

El estilo es un baile en el que todo cuenta. Y nada lo alimenta más que la alegría, la ilusión y el juego. Y soñarse es todo eso.

Imaginarse, proyectarse y verse un poco más allá de donde estamos ahora mismo. Establecer una alianza de conexión con nuestros sueños debería incluir también lo que soñamos sobre nosotros mismos. Convertir esa aspiración en algo mejor, en un motor que nos lleve hacia donde está un yo en continua progresión.

Cuando nos soñamos y dibujamos horizontes estimulantes para nuestro futuro estamos confiando en nosotros. Es un acto de amor porque implica que creemos

# SONRÍE,
# SE TE NOTA
# EN LOS OJOS

que podemos aspirar a ese sueño que tenemos. Y a ese estilo que soñamos conquistar.

Es universal esa sensación de vestirse y sentirse «muy yo». Estamos bien haciendo de nosotros, nos gusta lo que vemos y somos felices porque esos días el estilo nos ayuda en ese baile continuo de saber quiénes somos y de no dejar de descubrirlo al mismo tiempo.

Si no sientes que tienes estilo, puede ser que vivas desconectada de esa idea y del estilo mismo. No de uno cualquiera, sino del tuyo. Pero que no lo sientas no significa que no lo tengas.

Merece la pena hacer que suceda. Es una fuerza interior que se dibuja a golpe de experiencias, imperfecciones y sueños. Disfrutando cada día más de quiénes somos sin parecernos a nadie más.

Experimentar tu estilo, soñarlo, construirlo con palabras... es, además, uno de esos placeres de la vida. Una de esas cosas que te celebran. Que te colocan en el lugar en el que debes estar: contenta de haberte conocido y agradecida con tu existencia.

Si somos capaces de conectar con lo que somos, y de vivir, además, nuestra propia experiencia del estilo, nos abrimos a un ser más completo y pleno que se siente más feliz.

Es algo así como que la felicidad te encuentre vestida de ti misma.

Imagínate invitada a la fiesta de tus sueños. Nerviosa e incapaz de pensar en otra cosa que en ese momento.

Imagínate que esa fiesta es tu propia vida y que te vestiste para disfrutar de ella. Y que te sentiste guapa.

¿O debería decir feliz?

# 3.
## Des-cubrir

«Cualquiera que pueda ver lo contrario de lo
que está pasando es excepcional.»

BUKOWSKI

Lo recuerdo como si fuera ahora, por entonces ella vivía
con nosotros. Pocas cosas acunan mejor mis recuerdos
que la altura de su raza negra caminando con parsimonia
y elegancia por la casa. Creo que estábamos preparando el baño para los niños. Aunque sé seguro que fueron
nuestras conversaciones las que nos llevaron entretenidas
hasta allí. No pensábamos dejar que los quehaceres diarios interrumpieran nuestras disertaciones sobre la vida.
No sé cuál de las dos se sentía entonces más perdida. Pero
sí que ella puso con sus palabras una luz certera a nuestras
sombras. Y ya sería imposible para mí olvidarlas: «Creo

que cuando nos sentimos confundidos o perdidos en realidad no lo estamos. Solo hemos empezado a atender o descubrir una parte de nosotros que teníamos olvidada».

A veces me da la sensación de que lo que más hacemos es planear.

Yo misma he vivido muchos años dándole un enorme poder a los planes. Agendas, listas y otra vez listas. Lo hacemos con tanta intensidad que creemos ir hacia algún sitio confundiendo soñar con planear. Y son cosas del todo distintas.

A mí me parece que para ser más feliz es necesario repensar nuestra relación con el tiempo, la prisa, la abundancia, el cambio y las listas.

Los planes nacen ya con el don especial de entrar en conflicto con la vida, que es la única que sabe cuáles de todos ellos podremos realmente ejecutar. Soñar mueve nuestra voluntad y nuestros pasos convenciendo hasta a la vida. Cuanto más planificas, más riesgos reúnes.

Dejar de hacer algo que nos parece imprescindible nos hace descubrir que todo es bastante relativo. Y crea un espacio nuevo donde antes no lo teníamos. Nos ayuda a concentrar nuestra energía y a moverla de una nueva manera. Lo que creo que es lo mismo que decir que la multiplica.

Llegados a este punto, creo que crecemos más con lo que improvisamos que con lo que planeamos. Porque planear se parece más a una actividad interior frenética que nos empuja a correr hacia ninguna parte. Llenar la vida de sentido y de rumbo es otra cosa.

Y sí, creo que improvisar es la palabra porque supone que cedemos el control a la vida. Y a las cosas que nos pasan. Que si las dejamos, nos llevan hasta donde otra manera de vivir es posible. Una más concentrada sencillamente en vivir.

Siempre me ha gustado más jugar a los *looks* que dejarlos preparados la noche antes. Probar nuevas combinaciones me ayuda a disfrutar más de mi estilo y a entenderme mejor con mi ropa. Un viaje, una ocasión especial, una tarde de domingo preparando la semana frente al armario pueden ser grandes maneras de conseguir que el arte de la improvisación funcione cuando más lo necesites. Por ejemplo, delante de tu armario una mañana cualquiera.

Jugar con tu ropa es concentrarse en el encanto natural de vestirse, en su esencia. Divertirte con tu ropa es parte de lo que lo hace simplemente suceder. Si no es así, es el momento de preguntarte: ¿por qué ha dejado de ser divertido?

En nuestras cabezas los planes suelen parecer invariables, imbatibles, inmutables. Pero la felicidad no está en la cabeza. Ni mucho menos en todo lo que controlamos. Si pruebas a improvisar, empezarás a dudar menos. Y te resultará más fácil observar más y cederle espacio a la intuición. Y no, improvisar no tiene nada que ver con una vida desordenada, con el caos o con la falta de sueños.

Improvisar se parece a crear, aceptar, recibir, vibrar y sonreír. Y no sé por qué le tenemos tanto miedo cuando es muy probable que fuera antes cuando estábamos mucho menos vivos.

Más que listas yo prefiero palabras que guíen mis días, mis años, mis proyectos y las cosas con las que sueño, que las llenen de sentido. Palabras como conexión, conversación, conciencia, natural, equilibrio, felicidad, generosidad, alegría...

No quiero centrarme en listas infinitas que se queden mirando para mí, caducas e inacabadas al final del día. Tener un rumbo es mucho más importante.

Y guiar mis pasos, y hasta mis listas cuando hagan falta, en esa dirección. Porque cuando hay un rumbo en el horizonte consigues más cosas con mucho menos. Aprendes a priorizar. Apaciguas tus miedos y pones luz en el camino.

Ahora desconfío de mí misma cuando me sorprendo planeando de nuevo. Especialmente si es para algo muy lejano en el tiempo. Y hago listas muy cortas y orientadas a acciones muy concretas en periodos de tiempo breves. Por ejemplo, solo para ese día o para un proyecto.

Tiempo para todo y un momento para cada cosa, dice mi madre. Y es un consejo maravilloso para mantener el sentido de nuestros días a salvo.

Quererlo todo, y mucho a la vez, es sencillo. Para eso estamos siempre dispuestos. Lo difícil es encontrar la medida de cuánto de cada cosa. Y elegir qué sí y qué no.

Esa es la ciencia personal que debemos descubrir, practicar y aplicar en cada momento de nuestra vida. Y sí, también en nuestro estilo.

Sin encasillarnos, pero eligiendo qué nos identifica y qué no. En general y en este momento en concreto. No hay nada peor que vestirnos de una persona que no somos. O de muchas otras a la vez.

Y debemos cambiarlo, soltarlo cuando haya dejado de funcionar. Dejando que termine lo que ya terminó. O hacer que acabe. Creando espacio en nuestras vidas para que de verdad quepa lo que cabe. Para ser de verdad lo que somos.

LAS CRISIS NOS
HACEN ÚNICOS
Y VALIENTES,
LAS DE ESTILO
TAMBIÉN

**10**
2007 **Plataforma**
2017 **Editorial**
10 AÑOS DE AUTENTICIDAD Y SENTIDO

Apdo. de correos:
12014 FD

08080 BARCELONA

*Autenticidad* y *sentido*
www.plataformaeditorial.com
info@plataformaeditorial.com

ESPAÑA
F.D.
FRANQUEO EN DESTINO

Esperamos que hayas disfrutado del libro. A continuación nos gustaría saber algunas cosas sobre ti, como qué temáticas te interesan, para hacerte llegar recomendaciones personalizadas a tu correo.

¡No nos gusta el spam!, así que prometemos hacerte llegar solo unas pocas al año con contenido personalizado para ti.

☐ Salud
☐ Educación
☐ Autoayuda y desarrollo personal
☐ Narrativa histórica
☐ Empresa
☐ Libro Feel Good™

☐ Narrativa contemporánea
☐ Asia
☐ Clásicos del siglo XIX y XX
☐ Plataforma Neo (libros juveniles)

☐ Cocina / Nutrición
☐ Libros ilustrados
☐ Patio Editorial (libros infantiles)
☐ Ciencia
☐ Testimonio
☐ Naturaleza / animales

SUGERENCIAS . . . . . . . . . . . . . . . . . . . . . . . . . . . . . . . . . . . . . . . . . . . . .

¿EN QUÉ LIBRO ENCONTRÓ ESTA TARJETA?

NOMBRE Y APELLIDOS . . . . . . . . . . . . . . . . . . . . . . . . . . . . . . . . . . . .

PROFESIÓN . . . . . . . . . . . . . . . . . . . . . . . FECHA DE NACIMIENTO . . .

DIRECCIÓN . . . . . . . . . . . . . . . . . . . . . . . . . . . . . . . . . . . . . . . . . . . . . .

POBLACIÓN . . . . . . . . . . . . . . . . . . . . . . . . . . . . . . . . C.P. . . . . . . . . . .

PROVINCIA . . . . . . . . . . . . . . . . . . . . . . . . . . . . . . . . TELÉFONO . . . . .

CORREO ELECTRÓNICO . . . . . . . . . . . . . . . . . . . . . . . . . . . . . . . . . . . .

## ¿La mejor versión de qué?

No termina de convencerme esa expresión de «conviértete en tu mejor versión» pese a ser tan acertada. Me suena como si tuviera que convertirme en algo que no soy o salir a buscar algo que termine de completarme.

Dejando mis propias percepciones aparte, me parece importante señalar que todo lo que somos y lo que llegamos a ser está ya dentro de nosotros. ¿Por qué sino lo soñábamos, queríamos o envidiábamos? Todo eso que quieres ser ya está ahí. Justo dentro de ti. Solo hay que des-cubrirlo, despertarlo. No se trata tanto de ser la mejor versión de ti mismo como de descubrir quién eres. Ser cada día más tú mismo es la mejor versión.

Hacer funcionar nuestro motor interior consiste en eso: en poner luz, en descubrir lo que estaba tapado, tanto que hasta a veces me parece que vivir es levantar capas dentro de nosotros mismos.

Hay una palabra en inglés que me gusta mucho: *uncover*. Me parece que expresa muy bien ese recorrido interior de descubrir, de sacar a la luz algo que tenías dentro. Cuando descubres algo que te llama la atención es porque de alguna manera te estaba buscando. Ya vivía dentro de ti y por eso conectas con ello.

No hay más atajo que vivir para que este proceso se produzca, pero sí creo que hay una relación proporcional entre la cantidad (y calidad) de tus vivencias y las cosas que descubres dentro de ti. Y que algunas cosas que nos suceden activan especialmente ese proceso.

Casi lo que menos importa es el cambio en sí. Es su onda expansiva en nuestra vida la que hace la magia.

La maternidad, la enfermedad y la muerte serían algunas de las vivencias más transformadoras. Pero no son las únicas. Crisis profesionales, personales y hasta de estilo, mudanzas, decepciones y pérdidas, son muchas las cosas que nos suceden y que van moviendo dentro de nosotros ese viaje interior. Por poco que te haya pasado es fácil que ya hayas experimentado cómo las cosas que nos pasan nos van transformando.

Y en ese levantar capas o llegar al fondo que tanto nos asusta es donde se esconden los descubrimientos más interesantes. Y las mejores sorpresas. Se tarda en creer que de verdad tú también eres todo eso que has descubierto. Pero lo eres.

Y el estilo no solo alimenta ese recorrido interior, sino que a menudo se ve afectado por todo lo que nos está pasando. Está mucho más en medio de nuestra existencia de lo que en general somos capaces de recordar.

Todos estamos hechos de cosas por descubrir, cosas que estaban ahí, pero que no veíamos. Y así es como nos volvemos más nosotros al tiempo que impulsamos un poco más nuestros niveles de felicidad. En el pulso vibrante de sabernos viviendo nuestra vida.

No es posible convertirse en un extraño o en alguien diferente. Cuando cambiamos, o cuando algo nos transforma, en realidad estamos siendo más nosotros mismos. Cambiar, en este sentido, es ser más tú. Por eso el motor de la transformación es tan maravilloso, porque nos guía para desarrollar las muchas potencialidades que viven dentro de nosotros.

No es posible que el miedo y el agradecimiento convivan en el mismo corazón. Y perdido el miedo al cambio ya no puede pasar nada. Y así, mientras nos probamos nuevos «zapatos» y «vestidos», descubrimos cosas que nunca pensamos que nos quedarían bien.

Resulta, además, que *uncover* significa también quitarse el sombrero. Y no puede parecerme más evocador para esa realidad en la que nos descubrimos reconociéndonos.

# PRUEBA COSAS DIFERENTES

## El arte de equivocarse

Aprender a equivocarse me parece maravilloso. Y deja que te diga algo obvio: equivocarse solo es posible equivocándose.

Además resulta ser algo bastante connatural al ser humano, aunque a menudo nos guste tan poco. Errores de cálculo, visión y perspectiva, limitaciones de carácter, frustraciones, decepciones... Y hasta *looks* horribles. Y así una y otra vez.

Es inevitable cometer errores. Y, sin embargo, solemos dedicar más energía en negarlo que en aceptar que lo normal es equivocarse, aunque es, probablemente, una de nuestras dinámicas más básicas.

Es fácil que los errores nos pesen y nos paralicen, llenos de una culpa que no nos deja avanzar. O, peor aún, que queramos disimular ese fallo o directamente ignorarlo. Cuando lo que de verdad importa es aprender a hacer algo con nuestros errores. ¿Y si gracias a que te equivocaste consigues algo mayor? ¿Y si los errores también suman?

Mis errores me han enseñado la importancia de reaccionar, de buscar detrás de ellos evitando la autocompasión, la pasividad y la culpa fuera de mí. Es importante que nuestros errores nos muevan a la acción, a la reflexión y que los usemos para aprender a cambiar cosas. A mí me ayuda Intentar volver los errores ligeros, porque lo cierto es que es difícil acertar a la primera. Y por eso es imprescindible insistir en nuestras metas, en nuestros sueños, en las cosas que queremos conseguir, lo que también incluye insistir en nuestro estilo.

Cierto que muy rara vez acertaremos a la primera como que un buen *look* no se improvisa casi nunca.

Sería maravilloso dejar de exigirnos en ese acierto infalible, en esa ausencia de errores. Para perderle entonces el miedo a equivocarnos, volvernos flexibles al error y concentrarnos en qué hacemos con él.

No sé si me equivoco menos, pero lo que es seguro es que he empezado a equivocarme mejor. Y a perder menos tiempo. Me preocupan más las lecciones que había para mí que los errores en sí mismos. Y eso es algo muy liberador.

No hace falta que cada paso sea perfecto. De hecho, nuestros caminos están llenos de pasos imperfectos que, a pesar de sus limitaciones, dibujan nuestro camino. Y eso es grandioso.

En el estilo, como en la vida, es importante que sientas que lo estás haciendo bien, que avanzas. Lo que no significa que lo hagas todo el rato, ni todo bien, sino a un ritmo constante y estimulante.

No estamos hablando de procesos temporales cortos, así que hemos de conseguir integrar todo esto en un largo plazo apasionante. Saber soltar para dejar espacio y no aferrarnos a lo que tenemos.

Porque evitar el cambio nos aleja de la verdadera esencia de la vida, que es puro movimiento y continua transformación. Me gusta pensar que está en nuestras manos crear un escenario donde vivir; descubrir y vestir nuestras personas y nuestros días es posible.

## No todo tiene que ser positivo

Ese proceso de transformación, de vivir, tiene mucho de sombras. Y de nudos que se deshacen despacio.

Una de las grandes conquistas de mis recién estrenados cuarenta es estar aprendiendo a entenderme positivamente con lo negativo, un matiz que da para mucho, y que querría que mis hijos conquistaran mucho antes que yo.

Es algo para lo que creo que estamos algo perdidos porque apenas hay «cultura» que defienda lo que está

# CUÁNTO SABE TU SOMBRA DE TU LUZ

en la sombra. No se me olvida cuánto se sufre cuando se sufre, ni quiero ocultarlo ni que se me olvide nunca.

Es importante reflexionar en alto sobre la importancia de la tristeza, el cansancio, el dolor, los miedos y las penas. Porque son los grandes castigados. Y porque los necesitamos: nada sabe tanto de tu luz como tu sombra. Y no existe un lugar mejor desde el que puedas tomar impulso.

A veces le pedimos a la vida que nos cambie una situación cuando, en realidad, es esa situación que tenemos delante la que vino para cambiarnos a nosotros. Todos tenemos historias no tan bonitas que contar, aunque a veces no lo parezca. Y nos merecemos poder contarlas. La vida es una mezcla de muchas cosas, a menudo contrarias, y todas compatibles.

Más allá de esa felicidad prefabricada y de ese optimismo vacío me quedo con la buena tristeza que nos cura y libera y que da paso a una alegría más profunda. Como escribe Imma Monsó en su novela *Un hombre de palabra*: «No hace falta apurar el dolor en dos días [...], deseo descender un poco más hasta saber qué hay en el fondo».

Creo que el dolor tiene muchas de las claves para una felicidad más verdadera. No creo que sea posible ser feliz sin su contrario. Ni que exista dolor que no se disuelva con el tiempo acunándolo en presente y a la luz de los aprendizajes que nos dejará para un futuro mejor.

## El círculo de la maternidad:
## mujeres completas

La maternidad me parece una experiencia personal profunda y de las más transformadoras que existen. Sin duda no es la única, pero sí una que por cinco razones de peso me toca de manera especial.

Llegar a integrar la maternidad en mi persona me ha costado muchos años. Y muchos hijos. En mi caso, lejos de lo que pueda parecer a simple vista, no nací madre. Me he ido haciendo.

¿Y qué significa eso exactamente?

Creo que la maternidad va de ellos, pero también va de nosotras. Y de lo que yo llamo cerrar el círculo de la maternidad integrándolos a ellos y a todo lo que se ha movido y creado con su llegada a nuestro mundo. Es un proceso largo, apasionante y no siempre sencillo que te convierte en algo nuevo. Y es una mirada hacia dentro como nunca antes.

Pero es un proceso que nos devuelve «a casa» especialmente reforzadas, crecidas y más conscientes de lo que somos. Es un gran camino para conectarnos con nuestra esencia, nuestra manera de ser y de hacer. Y para descubrir cosas que solo la maternidad sabe descubrir.

Por eso creo que es tan importante la manera en la que vivimos nuestros embarazos y traemos a nuestros hijos al mundo. La naturaleza está preparada para enseñarnos en el proceso lo que necesitamos aprender, pero con el paso del tiempo nos hemos separado de la manera instintiva de traer a los hijos a la vida y nos hemos desconectado de esa realidad profundamente durante el proceso. Vivir el embarazo y el parto con miedo y tratando de buscar el rincón desde el que sufriremos menos es una de las muchas falsas promesas de felicidad que nos han hecho. Hemos ganado en confort y en seguridad, pero hemos perdido naturalidad, esencia y conciencia.

Hace ya un tiempo que me persigue una idea. Y es que cuando mis hijos estén viviendo sus vidas, emprenderé un camino que me lleve a ayudar a las mujeres a traer a sus hijos al mundo de la mejor manera posible. Es algo que levanta un canto transgeneracional dentro de mí que resuena con fuerza.

# CAMBIA DE *LOOK,* VUÉLVETE MÁS TÚ

Comprometida como estoy con la felicidad de las mujeres y con la experiencia tan rica que me ha regalado mi maternidad, ha crecido en mí el convencimiento de que si cambiamos la manera en la que traemos los hijos al mundo, cambiaremos muchas cosas más. Agradezco mucho todo el apoyo médico recibido cuando fue necesario. Pero, personalmente, esa labor sería para mí un privilegio que le daría sentido a aquellos de mis partos y lactancias perdidas en intervenciones médicas innecesarias.

Quince años después de mi primera hija, si tuviera que ponerle una sola palabra a la maternidad, diría que es energía. Y una tan poderosa como arrolladora, porque la experimentamos en todas las dimensiones de nuestro ser.

Es una experiencia física, emocional, relacional, generacional, universal, individual... Y circular. Porque he terminado por verla como un camino de ida y vuelta. Uno que se abre como nuevo dentro de nosotros, pero que al recorrerlo descubrimos que nos devuelve a casa.

La obligación de ser no debería ceder nunca, pero puede suceder que al ejercer nuestra maternidad nos quedemos como suspendidas. Criamos a nuestros hijos con lo que somos y por eso es importante terminar de cerrar el círculo de la maternidad sobre nosotras mismas. Y volver a re-conocernos.

La maternidad nos ha convertido en algo que no éramos antes, pero no en todo lo que somos. Nos merecemos ser mujeres completas. Y nuestros hijos lo merecen también. Debemos ser generosas con los demás sin dejar de serlo con nosotras mismas.

Sería mejor no cargar a nuestros hijos con el peso de nuestra falta de realización personal. Ni tampoco tardar en enseñarles a cuidar de ellos mismos, que es lo que hacemos, sin darnos cuenta, cuando nos olvidamos de nosotras en la ecuación.

Así les ponemos más difícil su propia fecundidad y el amor que sean capaces de cultivar.

Y es en el hogar, con nuestros hijos, desde el primer contacto de piel y en el descubrimiento mutuo, donde debemos integrar el amor por la belleza, por el cuerpo y por la individualidad de cada uno.

Es importante que vean, de esa manera en la que ven los niños, que te das la importancia que merece y que utilice el estilo, la belleza y los rituales para enriquecer desde pequeños su propia experiencia de sí mismos. Y también que los ayudes, en el transcurso de los años, a caer en la cuenta de su belleza y su identidad. Admirando la tuya

# SIEMPRE CURIOSA, SIEMPRE ENCONTRANDO

y la suya. Y llenando sus mochilas de autoestima, de la que viene grabada en la piel y no es necesario aprender. Convertirme en madre soltera rompió de golpe el mar de mi maternidad y partió en dos la armadura en la que estaba metida. Todo empezó en ese momento, volviendo a nacer aquella vez y muchas otras después. Y no solo con mis hijos. Porque cada vez que algo de lo que nos pasa nos atraviesa de esa manera radical, entramos en contacto con nuestra existencia.

Y es entonces cuando se producen los recorridos interiores, que no suceden ni mucho menos solo con la maternidad. La magia aparece cuando algo te enfrenta, te gira y te da la vuelta. Algo más grande que tú. Algo que te grita de una manera en la que solo puedes responder con tu vida entera, con toda tu persona. Y, muchas veces, antes incluso de que te haya dado tiempo ni a pestañear.

La realidad es que no sabía cómo quererme a mí misma y ya tenía que cuidar de otro ser humano. Nuestros hijos son seres de luz que tocan nuestras vidas para siempre. Y, en mi caso, alumbrando un camino que no había visto hasta entonces: el de la alegría de ser.

Todos los cambios importantes son realmente un desafío con el tiempo. Más allá de lo que parece que está pasando suceden otras cosas. Te enfrentas con el tiempo en un baile con tu pasado, tu presente y tu futuro. Abandonas certezas, cediendo el testigo a tu destino, con sus ritmos, sus curvas, sus compañeros de camino y sus silencios. Cambiar es mudar de piel, es transformarse, es dejarse hacer. Es ser. Cambiar es desafiar al tiempo mirándolo a los ojos sin poder hacer nada más que esperar a que pase. Es reinventarse para seguir sumando y abrir nuevos caminos sin saber a ciencia cierta adónde van a llevarte.

Es reconocerte a tientas, al principio. Y descubrir esa nueva parte de ti que quieres casi sin conocerla, de una manera instintiva.

Cambiar es ser generoso con uno mismo y buscar la abundancia. Es la riqueza de los que buscan y se atreven a descubrir con curiosidad creciendo toda la vida.

Cambiar es descubrir para ser un poco más.

## El poder de expresar-te

Para mí la curiosidad es escucha en todas las direcciones posibles. Es mantenerse abierto con los sentidos alerta. Y estar más vivo.

Mantenerse curioso es una señal de vitalidad maravillosa. Mi curiosidad muchas veces la incitan las palabras. Leer y escribir son mis maneras favoritas de descubrir cosas nuevas dentro y fuera de mí. Y mi manera de comunicarme.

Pero la escritura no es solo cosa de escritores o comunicadores. Las palabras tienen un enorme poder para todo el que quiera usarlas.

No te costará encontrar técnicas de todo tipo que utilizan las palabras para transformar nuestra mente, guiar nuestros pasos y conocernos mejor. Deja que yo te pregunte ahora: ¿cuántas veces has escrito sobre algo tan presente en tu vida como tu estilo?

Escribir es bucear en el mundo de nuestras emociones, identificar cuáles son nuestras creencias y poner claridad a nuestros pensamientos. Nuestra mente en contacto con la escritura, en el acto físico de escribir con nuestra mano, nos clarifica de una manera única.

Escribir es activar nuestra capacidad de escucha y tomar distancia. Es volverse espectador, curioso y orientarse mejor a la acción. Nos tenemos demasiado cerca y estamos llenos de demasiadas cosas. Y todas merecen encontrar su manera de expresarse y hacerse entender. Con la escritura ayudamos a que el camino se vuelva más ligero y a que nuestros procesos lleguen a puntos finales.

Y quien dice escribir dice pintar, bailar, cocinar, cantar o lo que sea que a ti te ayude a expresarte de dentro hacia fuera. A comunicarlo de alguna manera para poder visualizarlo.

Explotar nuestra capacidad de expresión es, bajo mi punto de vista, y junto con la respiración y la meditación, la herramienta más sencilla, barata y eficaz que existe para buscar y encontrar dentro de nosotros mismos.

Debes tomar distancia y buscar comunicación contigo misma (y con los demás) para alimentar y dirigir a buen puerto esos procesos maravillosos de crecimiento interior.

Pocas sensaciones hay mejores que sentir que encuentras y que entiendes para poder avanzar. Y resultará, como por arte de magia, que en ese progreso personal tu estilo evolucionará contigo. Subiendo y bajando al ritmo al que tú lo hagas.

# 4.
# La revolución de la mirada

«Uno no llora por lo que llora, sino por todas
las cosas por las que no lloró en su momento.»

BENEDETTI

Casi casi elijo el silencio. Pero cada alma vuela adonde
sabe. Y se agarra a su nido. O a sus miradas. Yo no sé
si con el tiempo soy más o menos, pero algo tengo claro: nos vamos pintando con los años, con las cosas que
nos arañan y la luz que se cuela entre lo que se rompe.
A partes nada iguales. Y con los ojos de los que nos miran con amor. Y puede que hasta tengas mucha suerte y
te encuentres con algunos que te sepan pintar el alma.
  Somos reflejo y mirada. Y una mezcla curiosa entre
lo que intuimos y lo que controlamos.

# ESTÁS PERFECTA EN TUS IMPERFECCIONES

Aprender a mirar puede cambiar el mundo. O cuando menos cambiarnos a nosotros. La línea divisoria de muchas cosas es sutil, tanto que es fácil confundir unas con otras. Puedes creer que te estás esforzando cuando te estás exigiendo, o que te estás queriendo cuando te estás comparando.

Es la pureza de nuestras intenciones la que devuelve intensidad a esa línea que separa unas cosas de otras, la que hace que marquemos la diferencia. Y lo que nos mantiene en alerta.

Nuestras miradas tienen mucho de nuestras creencias, si es que no son ellas directamente. Y son las que alimentan nuestro discurso interno, la relación con los demás y nuestra inspiración. Son las guardianas de esa fuerza interior desde donde se libra la batalla de nuestra identidad y de la construcción de nuestra realidad.

Creo que en la era de la influencia, y seguramente en todas, la verdadera revolución es la de la mirada. Y que para ver bien no valen solo los ojos.

Vamos a hablar de uno de mis temas favoritos: los espejos. Pero no solo. Porque no se trata solo de atreverse a mirar, sino también de cerrar los ojos.

Y de empezar a ver entrenando nuestra mirada en mejores direcciones.

Convivir con nuestro reflejo delante del espejo, y de muchas maneras diferentes, es mucho más relevante de lo que pueda parecer. Y un punto de partida muy necesario. Aunque pueda sonar demasiado obvio, no tenemos otra manera de ver nuestro aspecto que con un espejo delante. Es una relación bastante básica, con mucho de ese descubrimiento primario que acompaña al ser humano.

No basta solo con atreverse a mirar, es necesario acostumbrarse a convivir con nuestro reflejo en el espejo. ¿Y cuántos necesitamos? Cuantos más, mejor. Y al menos uno de cuerpo entero. Diferentes y que te devuelvan tu imagen desde distintas perspectivas: grandes, pequeños, de aumento, de decoración, al salir de casa, de medio cuerpo, el del ascensor, el de la oficina…

A simple vista podría parecer que son las prisas las que nos han alejado del espejo. Pero es nuestra mirada la que nos mantiene, a menudo, distanciados de él.

Que nos cueste convivir con nuestro reflejo es señal de desconexión y distancia con nuestra apariencia. Puede suceder que el espejo nos muestre una realidad que no reconocemos. Y podría hasta recordarnos cosas que nos hacen sentir incómodos, poniéndonos delante algo con lo que no terminamos de conectar y que es más fácil ignorar.

Atrapados en ideas preconcebidas de nosotros o proyectados en las imágenes de los otros, esa persona que vemos reflejada podría ser casi como una extraña. A fuerza de no mirarnos, nos desconocemos. Y nos sentimos más cómodos con nuestra imagen mental que con nuestra imagen real.

La aceptación pasa por apoderarnos, también, de lo que somos por fuera. Y para aceptar las cosas de nuestros cuerpos es necesario primero descubrirlas y hasta sufrirlas, llorarlas y pelearlas. Y hacerlo con la fuerza de la belleza de verdad, que es tan bella como imperfecta.

No podemos conseguirlo sin conocernos. Al dedillo, desde todas las perspectivas. Reconocernos casi a ciegas. Para poder, solo entonces, aceptarnos. Quizás recuerdas lo que hablábamos de lo importante que es soñarse. Algo, a todas luces, incompatible con juzgarse, o con compararse.

Las personas que juzgan tienen un pensamiento rígido que reduce lo que las personas son realmente. Cuando lo hacemos sobre nosotros mismos es igual, nos estamos reduciendo a algo que no somos completamente. Nos estamos deformando.

El reto con la mirada es doble: hacia nosotros mismos y hacia los demás. Mirar bien es un acto de amor de doble dirección.

De este modo llegaremos a valorar la diferencia y desterraremos el concepto de lo normal, ese que lo único que normaliza es la mirada del que necesita reducir a otro a lo que ya conoce.

Es nuestra misión y nuestra naturaleza ser diferentes. Y maravillarnos con la diferencia solo puede volvernos más de nuestro género: miradas humanas y reales que abrazan lo distinto, la autenticidad y la belleza imperfecta. Lo que supone reconocer que somos una mezcla de puntos fuertes y puntos menos fuertes, pero nunca solo una de las dos cosas.

Y, aún más, reconocer que simplemente somos como somos. Sin juicios de valor.

Cuando nos quedamos solo en la que creemos nuestra parte más débil, las ideas se vuelven repetitivas, fijas y negativas. Esa nariz que juzgamos grande, ese culo que se supone gordo, esos ojos tan pequeños, esa piel tan vieja…

Todas esas partes de nuestro físico han sido sometidas, en realidad, a un juicio innecesario. Pero del que cada vez es más difícil escapar.

# SOMOS
# UNA IMAGEN
# REAL,
# NO UNA IMAGEN
# MENTAL

Esa imagen de supuesta perfección alimenta en nosotros la imagen de una persona que nunca llegaremos a ser, cosa tan innecesaria como dramática.

Atrapados en una imagen mental nos alejamos de lo único a lo que de verdad deberíamos aspirar: ser lo que ya somos.

Sin embargo, si nos acercamos a nosotros identificando nuestros puntos fuertes, tenemos más posibilidades de romper esa brecha y terminar por encontrarnos con nuestra imagen real.

Conocer qué es eso que más nos identifica o nos gusta es terriblemente poderoso: ese pelo rizado, tus ojos claros, aquel lunar tan característico y hasta un tipo concreto de gafas. Lo que sea que reconozcas como propio produce conexión dentro y fuera. Y desde ahí es más posible llenar tu mirada de amor, realidad y aceptación.

Al final, es mucho más fácil de lo que creemos convertirnos en un reflejo extraño de nosotros mismos. Y por eso mantenernos cerca del espejo nos pone a salvo de ser los últimos en enterarnos, y valorar, cómo somos realmente.

Solo existimos en presente, como ya hemos hablado. Y de verdad, que es lo mismo que realidad.

# Un mundo sin tallas, un cuerpo sin límites

Supongo que será del todo imposible pretender que desaparezcan las tallas de las prendas. Aunque sería estupendo. Y cambiarlas, por ejemplo, por colores o por palabras.

Puede que sea, como a menudo me pasa, un pensamiento idealista, pero un mundo sin tallas sería sinónimo de un cuerpo sin límites, y esa idea me gusta mucho.

Pero donde de verdad hace falta que se borren las tallas es en nuestra cabeza. Quizás a golpe de mirada podríamos conseguir revolucionar no solo cómo nos vemos, sino hasta cómo nos medimos.

Piensa en cómo hablamos a menudo de nuestra talla…: «Soy una 42», «Quiero volver a ser una 38». Piénsalo otra vez. ¿No es llamativa esa identificación tan frecuente y tan poco consciente con un número?

Es aún más limitante cuando esa talla está solo en nuestra cabeza pero, no se corresponde con nuestra medida actual. Pocas cosas hay más nostálgicas que querer ser cualquier otra talla.

Creo que esa es una de las razones por las que guardamos en el armario ropa de tamaños diferentes a los que podemos usar en este momento. Esa talla fijada en nuestra cabeza, y a la que soñamos volver algún día, vive en nuestros armarios alimentando una realidad que no existe.

En definitiva, podemos aceptar que sean necesarias por razones prácticas, pero lo que nunca deberíamos dejar es que se queden en nuestra cabeza. Limitar la visión de nuestro cuerpo, reducirlo de cualquier manera, es lo mismo que reducir y limitar lo que somos.

Creo que hay pocas cosas más atractivas que las mujeres que han trascendido sus cuerpos, sus formas y sus tamaños haciéndolos suyos. Unas caderas generosas, un pecho más pequeño, una nariz grande o cualquier cosa que quieras poner aquí como ejemplo de mujeres que se aceptan como son es, y será siempre, terriblemente atractivo.

Espejos, tallas y algunas cosas más suelen ser una suma letal de factores que dan como resultado casi inevitable que terminemos por ser nuestros peores críticos. Y que vivamos como atrapados en uno de esos espejos de feria que deforman la belleza de lo que somos.

Como en aquel vídeo hecho por Dove que he usado tantas veces en mis talleres en el que un médico forense pinta retratos de mujeres sin verlas, solo guiado por lo que dicen ellas de sí mismas en un primer momento y según lo que ven los demás después. La comparación de ambos retratos finales hace que muchas de ellas rompan a llorar.

¿Y si el peor de los espejos viviera dentro de nosotras mismas? ¿Y si fuera dentro y no fuera donde aprendiéramos a mirar bien?

Puede que ya vaya siendo hora de empezar a buscar la verdadera autoestima, revisar nuestras renuncias y empezar a juzgarnos con menos dureza.

Pero sigamos dándole alguna vuelta más. Miremos nuestro estilo más de cerca y desde otras perspectivas.

Fijémonos, por ejemplo, en el poder de las cosas que no se ven. O, mejor dicho, de las que solo ves tú.

## Bragas hasta la cintura

Tenía ya cuarenta años y esa lucha, sin saberlo, venía de lejos. Para mí es imposible olvidar cómo al comprar mis primeras bragas de cintura alta dejé de estar enfadada con muchas otras cosas.

Hacía ya tiempo de propósitos para tener otro cuerpo, de pensar en kilos de menos (con esa cifra mágica que todos tenemos) y de soñar con una barriga plana que nunca he tenido.

No había pasado nada de todo eso, pero seguía empeñada en mantener un discurso con mi cuerpo que consistía en decirle lo que yo quería. Y él insistía pacientemente contestándome con lo que yo necesitaba.

Aquel día, imagino que por derribo y cansada de comprar bragas para otro cuerpo, nos pusimos de acuerdo. Media vida después, mi cajón de la ropa interior se llenó de hechuras y materiales para una mujer con cuerpo *pin-up*, tirando a pequeño pero rotundo. Será la aceptación o será el amor, ambas caras de la misma moneda. Pero con ese gesto algo empezó a cambiar en la manera de mirarme.

Y se empezó a diluir un tipo curioso de frustración. Y de paso, en una de esas conexiones curiosas que nunca dejarán de sorprenderme, dejé de estar enfadada con otras cosas que nada tienen que ver con la ropa interior, pero sí conmigo.

Y es que la ropa cuenta las historias del alma muchas más veces de las que creemos. Y acuna nuestras penas si la dejamos. Nos devuelve la luz perdida o simplemente suspendida en el aire, sin costuras que molesten por debajo del ombligo, sin ropa que se pelee justo con esas redondeces que te cuestan… Así es como aprendes a querer el cuerpo que tienes. Vestir tu realidad es lo mismo que quererla. Y mientras lo haces aprendes a aceptarla poco a poco. Y desde ese amor debes construir lo que sea que sueñes, también de tu cuerpo. No se construye bien desde la perfección y desde la exigencia. Desde ahí solo le hacemos un castillo a la culpa y a los cuerpos de otros. Y como el tuyo no hay ni uno solo más.

Empezar a mimar tu *look* desde el principio marca grandes diferencias, tanto en tu actitud como en el resultado final.

Se les atribuye a las francesas una relación idílica con su ropa interior y se dice que llegan incluso a conjuntar los colores con su *look* de cada día. Pero, mitos aparte, creo, como te decía, en el enorme poder de esas cosas que solo tú ves y que se acercan tanto al ritual, transformando el sentido de muchas cosas.

Permíteme que deje tres preguntas en el aire: ¿cómo es de poderosa la sensación de sentirse guapa en ropa interior? ¿Cómo se cambia la ropa que te pones según tu ropa interior? ¿Cómo dirías que es la relación con tu ropa interior en este momento?

# VÍSTEME DESPACIO QUE TENGO PRISA*

*. Frase de mi bisabuela que aprendí de mi madre.

**Ropa para estar en casa**

A menudo creemos que estar en casa es sinónimo de «desconectar» de lo que llevamos puesto, pero en realidad no tiene por qué ser así.

Si, además, pasas la mayor parte de tus días trabajando desde casa, todavía menos. No hay situaciones que entiendan de estilo y otras que no. Todos los momentos valen, en todos podemos convocar a la belleza. Y el tiempo que pasamos en casa se merece sin duda ser uno de ellos.

Debemos encontrar un estilo cómodo, relajado y bonito que nos ayude a descansar y a conectar con nosotros mismos, un estilo que llene de belleza uno de los gestos más cotidianos: el de estar en casa. Así entrenaremos algo maravilloso: la capacidad de mimar las cosas que «solo» vemos nosotros, que es lo mismo que aprender a valorarlas.

Si entendemos el estilo como un músculo, y, de hecho, se parecen bastante, la ropa para estar en casa es uno de los mejores entrenamientos posibles.

Siempre me ha parecido que el estilo empieza a cultivarse dentro de nuestros hogares. Seguramente no será el más sofisticado o complicado, pero sí el más íntimo. Y por eso es tan valioso.

He visto a muchas mujeres darles la vuelta a sus crisis de estilo empezando simplemente por cuidar lo que se ponen en casa, volviendo a reconectar consigo mismas en el entorno de su hogar, ese lugar donde todos aprendemos tantas cosas.

Cuidar lo que te pones para estar en casa como si fuera la mejor de las citas, una contigo y los tuyos, es tener a tono el músculo del estilo.

El tiempo que pasamos en casa es de los mejores de nuestra vida. Es nuestro refugio, el lugar que compartimos con los nuestros, nuestro descanso, nuestro tiempo a solas con nosotros mismos y, muchas veces, nuestra «dulce oficina».

Puedes usar fulares, chaquetas grandes, distintas texturas, pantalones anchos, camisas cómodas, vaqueros viejitos, petos, vestidos largos con *leggins*, bailarinas, calcetines gordos… Y prendas que tengan mucho valor sentimental.

Hay muchas opciones, pero no necesitas muchas prendas. Puedes hacer *looks* para estar en casa solo con cinco bien pensadas porque en casa no es tan necesaria la variedad.

Estoy segura de que si ves tu tiempo en casa como una oportunidad para ti, terminarás por convertir alguna de tus prendas favoritas en una de las que uses para estar en casa.

## Rematar, el gran truco

La mirada también es amor por los detalles. Y es un canto a uno de los grandes trucos de estilo: rematar.

A estas alturas ya no te va a sorprender que te diga lo importantes que son los zapatos, pero vamos a verlo ahora desde otra perspectiva: qué cosas son las que hacen que tu imagen funcione. Y por qué empezar por los zapatos es un consejo de estilo tan relevante.

De poco sirve una camisa maravillosa, unos pantalones de vértigo o cualquier *look* que se te ocurra si no lo rematas. Una imagen, la tuya, funciona y tiene fuerza cuando la miras como un todo. Y cuando el conjunto queda completo mimando los detalles.

Un *look* sin rematar es como algo que se ha quedado a medias. Es empezar con ilusión a vestirte, pero cansarte antes de terminar. Te suena, ¿verdad?

El abrigo, los zapatos, ese color de labios, aquel anillo, este bolso y ciertos complementos son los elementos finales con los que poner la «guinda del pastel» de un

# DEJA DE HACER ALGO QUE TE PAREZCA IMPRESCINDIBLE

buen *look*. Y lo son porque están relacionados casi todos ellos con alguno de los tres puntos más relevantes de tus *looks*: cabeza, pies y manos.

Son los remates naturales de nuestra imagen, los puntos en los que se cierra un *look* y los que más fuerza expresiva tienen en el conjunto. Revisando esas tres partes de una imagen no hay *look* que se resista.

Como ves, en una imagen todo cuenta. Y en mi reflexión sobre la mirada no querría olvidarme de mencionar a dos grandes olvidados: la piel y la espalda.

Somos como los ramos de flores: debemos poder ser miradas desde cualquier ángulo, no solo de frente. Nuestra imagen es por delante, por detrás y por los lados. Y, como ya hemos visto, hasta en lo que no se ve pero se nota.

Si te has fijado alguna vez en fotos tomadas por la espalda, te habrás dado cuenta de cómo sin necesidad de ver la cara pueden llegar a comunicarse muchas cosas de esa persona, e incluso cómo los detalles en esa zona son especialmente reveladores.

Con la piel sucede algo un poco diferente y que varía de unas personas a otras. Algunas tienen más tendencia a mostrar piel en sus *looks*, otras, a taparse tanto que parece que se estuvieran escondiendo. Como cada cuerpo es único, la proporción de cuánta piel se tapa y cuánta se descubre es única también. Pero tenerla en cuenta y jugar con ella como parte de tu *look* da muy buenos resultados.

De hecho, esta es una de las razones por las que muchas personas prefieren usar las bailarinas sin medias independientemente de las estaciones. Cuando ese trozo de piel en el empeine «falla», el *look* pierde algo de fuerza. El equilibrio entre lo que tapamos y lo que enseñamos es muy personal, y todo un arte a la hora de vestirnos.

## Que te miren con buenos ojos

Uno de los riesgos de los viajes interiores es que nos dejen atrapados dentro de nosotros mismos, que terminemos por darle a la reflexión sobre nuestro yo demasiado protagonismo, pero la verdad es que convertir eso en la razón de una existencia no tiene mucho sentido.

La tensión con nuestro propio yo tiene sentido en relación con los demás. Nuestra frecuencia individual nos prepara para compartir, darnos a los demás y encontrarnos con su mirada.

Para mí, el auto-conocimiento tiene sentido si nos mueven a la acción y nos pone en contacto con el mundo, especialmente con los demás. Y es una señal de alarma cuando sucede lo contrario y provoca aislamiento o parálisis.

Necesitamos a los demás para que nuestros recorridos interiores lleguen a buen puerto. Es en la relación con los demás y con el mundo donde sucede gran parte de este proceso. Y su éxito.

Y el estilo es un puente de conexión con lo que nos rodea, es una herramienta de conexión, comunicación y respeto hacia los demás.

En lo que los demás ven de nosotros, en sus comentarios acerca de nuestra apariencia, encontramos también un espejo en el que mirarnos. Nos terminamos de entender a través de los ojos de las personas que nos miran. Y más aún si nos quieren.

Para poder fiarnos de nuestra imagen en los ojos de otros, la mirada de los que nos miran tiene que ser la correcta. Los problemas en las relaciones personales están llenos de esa pulsión tantas veces indescifrable de auto-conocimiento propio y ajeno. Ambas partes deben tener una mirada flexible y en las dos direcciones: hacia uno mismo y hacia los demás.

# NUNCA
# TE VISTAS
# PENSANDO
# EN TU EDAD

A menudo, cuando alguien no quiere mirar dentro de sí mismo deja de ver lo que son los demás. Y, aún peor, vuelve a los otros víctimas de su falta de visión.

Cuando le dices a alguien: «Es que tú me ves con buenos ojos», estás reconociendo esa buena mirada que te sabe ver, lo que implica que seguramente esos ojos supieron mirarse bien a sí mismos primero.

## Cosas con edad

Defiendo con convicción que el estilo no tiene edad. Pero, claro, no es lo mismo contarlo que vivirlo. Es una de esas cosas que quieres creer, pero para que sea verdad tienes que experimentarla en ti misma.

Envejecer es la pena de estilo entre las penas.

Es inevitable el paso del tiempo en nuestros cuerpos y que estos se vayan transformando a medida que vamos sumando años. Envejecer físicamente es algo natural. Hacerlo por dentro ya no estoy segura de que lo sea tanto.

Nos gustaría congelar la infancia de nuestros hijos, detener un reloj cada vez con menos horas para nuestras vidas llenas, tener fines de semana más largos, aprender a disfrutar de la vida al máximo y que las sensaciones que nos dejan las vacaciones no desapareciesen nunca. Y entre todos esos deseos imposibles queremos, además, que pase el tiempo, pero que no deje rastro.

Por dentro somos una versión mucho mejor de nosotros mismos, pero con un precio: las huellas del tiempo en nuestro cuerpo.

Todos los consejos de estilo son válidos para cualquier edad, pero con el paso del tiempo se vuelven más exigentes, sobre todo porque esa es la manera de evitar que la actitud envejezca.

El problema no son las arrugas de fuera, sino las de dentro, las que arrugan nuestra actitud. La juventud no tiene nada que ver con la edad cronológica. Pero vivimos en una sociedad para la que en muchos sentidos ser mayor es ser invisible.

Pero, sin ánimo de cambiar más mundo que el tuyo y el mío, te confieso que las mujeres maduras me gustan, especialmente las que han apostado por su personalidad, su vida y su estilo como bandera de una belleza natural que sobrevive a todo.

No debemos ceder a esa idea que nos hace creer que envejecer es limitante y menos atractivo. Hay cosas que solo se descubren con tiempo, historias que solo se cuentan con arrugas y lecciones que solo se aprenden con canas, hayas decidido esconderlas o no.

Seguimos siendo guapas a pesar del paso del tiempo en nuestros cuerpos; de hecho, somos mucho más que eso. Somos mujeres vivas y llenas de experiencia, y me cuesta imaginar algo con más valor.

Alguno de estos días seré menos joven y estaré más arrugada, pero seré cualquier cosa menos invisible. La reinvención continua forma parte del baile que bailamos con nuestro estilo, y este es, de todos, probablemente el paso más difícil de aprender.

No me queda más remedio que citar de nuevo a Camus porque no creo encontrar una manera mejor de evocar todo esto en pocas palabras: «Envejecer es sustituir pasión por compasión».

Se aprende a envejecer bien mucho antes de hacerse realmente mayor.

Al principio, el cuerpo lleno de juventud tira del espíritu con fuerza. Pero, con el tiempo, hay que ir poniendo la actitud al mando, ceder el timón a nuestra vida interior y poner a prueba nuestra capacidad de adaptación. Es entonces cuando somos capaces de gestionar el paso del tiempo desde dentro sin volvernos invisibles, especialmente a nuestros ojos.

El mayor signo de vida es el movimiento, el cambio continuo. Y si nuestro estilo no se adapta, se muere. Me gusta mucho el paso del tiempo y me parece que sus signos están también llenos de belleza.

Pero ni la edad ni sus signos suponen vejez, porque una cosa no implica la otra. Y muchas veces envejecer es la excusa perfecta para esconder, en realidad, dejadez y espíritus rendidos.

Hacerse viejo es ceder a la nostalgia y olvidarnos de cuánto valmos cada día, independientemente de los años que tengamos. O precisamente por ellos. La noticia de estar vivo no tiene fecha de caducidad y es siempre de un valor infinito que no podemos poner en duda por unas canas, unas arrugas o una energía distinta.

Me gusta creer, como decía Kafka, que «quien conserva la capacidad de ver la belleza nunca envejece».

Realmente no hay prendas que no puedas ponerte o cosas que tengas que dejar de hacer. Ese enfoque limitante no es el adecuado. Las cosas no tienen edad. Lo que importa es la adecuación al ritmo y las circunstancias de cada momento. Y que te quede bien.

No creo que se aprenda a ser mayor cuando ya lo eres. Creo que nos preparamos desde mucho antes. Y es en las últimas etapas de nuestra vida en las que más se co-

# VESTIRSE DESDE LA NOSTALGIA ES VESTIR A ALGUIEN QUE NO EXISTE

necta nuestra línea de puntos, en las que el dibujo final aparece para convertirse en el reflejo de lo que hemos vivido y de nuestros aprendizajes.

Si nos adaptamos a lo que va cambiando en nosotros y lo aceptamos con amor, incluso si nos alegramos del paso del tiempo en nuestro cuerpo, será mucho más fácil no envejecer por dentro, que es lo que de verdad nos hace viejos.

La juventud tiene un valor, pero no creo que mayor que el de la edad madura. En ambas etapas somos personas vivas con la obligación inexcusable de ser felices.

Envejecerán mis huesos, mi piel y cambiará el color de mi pelo, y vete tú a saber cuántas cosas más, pero para ese entonces habré multiplicado mi vida vivida.

No pienso correr esa carrera absurda contra el envejecimiento, pues nos desconecta de una realidad inevitable que, además, nos humaniza y nos permite ser verdaderamente felices en cada etapa.

No soy tan mayor y ya me ha parecido en más de una ocasión que el éxito en lo que a la vida se refiere está en seguir soñando. En no perder nunca la ilusión, porque entonces nos perdemos a nosotros con ella.

Yo quiero cuidarme para envejecer bien, no para no envejecer.

## El feminismo como mirada

Los niños son observadores del mundo. A nuestros hijos se les va a quedar grabado en la piel mucho de lo que ven. Porque, al fin y al cabo, somos su primer espejo, nos guste o no.

A veces me pregunto cuánto los miramos nosotros a ellos. Cuando mi hija se puso enferma, pensaba que tenía que salvarla. Con el tiempo aprendí que solo tenía que quererla. Igual que al resto. Lo que, para mí, significa acompañarlos y observarlos sin parar.

Me gusta pensar que tal vez así, aprendiendo a mirarlos nosotros, aprenderán a verse ellos también.

Porque no hay ojos mejores para los hijos que los de sus padres. Ni espejos iguales a esos, especialmente cuando al otro lado hay unos ojos que creen en ellos sin condiciones.

He sentido en cada víscera de mi cuerpo que mis hijos no son míos, que ser madre es solo tener el privilegio de cuidar de esas vidas. Sin pertenencias, sin fechas, sin planes. Estar a su lado mirándolos, queriéndolos, ni demasiado cerca ni demasiado lejos.

Y es ahí de donde nace mi manera de entender el feminismo, más cerca de una mirada que de una reivindicación social.

Mi relación con el feminismo es curiosa. Y, de hecho, se ha fortalecido a medida que he ido volviendo a mi hogar. Han sido mis procesos de reinvención profesional los que me han enseñado otras caras del feminismo que no me parecieron tan obvias mientras trabajaba fuera de mi casa.

Hacer compatible mi maternidad, mi trabajo y mi vida nómada no siempre ha sido un proceso fácil. Pero lo que sí tengo claro es que me he convertido en toda una feminista. Y que al tiempo he descubierto mi propia manera de vivir el feminismo.

Mientras me sentía conquistando aquel sueño profesional, no me parecía relevante reivindicar nada. Pero el feminismo es algo mucho más profundo que estar ocupando un cargo u otro.

Ahora, desde mi casa, desde donde además de criar a mis hijos defiendo también mis sueños profesionales, me lo parece mucho más. Y no porque pretenda salir de mi dulce oficina, o cambiar las piezas que conforman mi puzle. Sino porque me he dado cuenta de que desde mi casa ejerzo un feminismo que no se ve a simple vista, pero que es también muy relevante.

Reafirmarme como ser humano y como mujer ha sido un camino que, en mi caso, he recorrido de la mano de mis hijos y con mi marido siempre a mi lado, y yo al suyo, en una vida familiar que muchas veces ha retado nuestros límites.

Es por eso que creo en un feminismo que integre el hogar y que le dé la mano a los hombres. Tanto como lugar desde el que poder reconectar con uno mismo, como para hacerlo con los tuyos.

Creo en un feminismo que se escribe también desde casa y no solo fuera de ella. Como muchas mujeres hago mis conquistas a diario a golpe de acuerdos y de maneras de organizar nuestra vida que supongan una mirada justa para todos.

Creo que mis hijas crecerán tanto con el ejemplo de mi realización personal y profesional como con la imagen de su padre dándome la mano para que así sea. Así lo he aprendido por ellos y con él. Y por eso creo que el feminismo no es cosa solo de mujeres.

De las muchas batallas que lidera el feminismo, quizás mi favorita sea la que ayuda a reconciliar, como nunca antes, la maternidad, el trabajo y la atención de nuestros hogares, como piezas que merecen entenderse en un progreso real que nos beneficia a todos.

Pienso que los logros de todos, hombres y mujeres, siempre serán buenas noticias, así como que ambos puedan hacer estos compatibles con sus vidas familiares y personales. Ojalá que la cuesta que aún nos queda por subir para conseguirlo vaya siendo menos cuesta también

Por eso creo que el valor del nuevo feminismo está asimismo en la mirada. Aprender a ver más allá del género, dando la mano a los hombres y a las demás mujeres. Y recorrer un camino que tenemos que conquistar todos juntos.

Y, por supuesto, creo en un feminismo que ayude a las mujeres a quererse más. Quiero que mis hijas crezcan creyendo que vinieron a completar la realidad del mundo con lo que son en todos los ámbitos desde donde quieran desarrollarlo.

Y esa es para mí una prioridad. Lo primero solo puede ser lo primero.

La idea de ser «mujeres completas» es un concepto que explica y defiende muy bien Chimamanda en cualquiera de sus famosos libros. De hecho, fue después de leerla cuando decidí quitar de mi presentación en redes que era madre de cinco. Reducir mi persona solo a mi maternidad me pareció que no contribuía a empujar el cambio en el que creo.

Ejerzo mi feminismo cada día con más convicción desde mi casa. Descalza, rodeada de ropa y niños, con comidas cada vez más ricas y paseos diarios, y también con falta de tiempo, muchos proyectos y planes estratégicos.

No es necesario ponerse tacones y conquistar un gran cargo en una empresa para ser feminista. O también. No hace falta ni siquiera tener un trabajo o un proyecto profesional fuera del ámbito de la familia.

Solo hace empujar desde tu realidad, sea la que sea, el derecho a desarrollarse personalmente como ser humano independiente de otros.

Creo en el feminismo y defiendo una feminidad sin etiquetas. Porque es imposible ponerle puertas al campo. Y las mujeres no caben en una caja. Ni en dos ni en tres.

Y el momento de seguir avanzando para que así sea es siempre ahora.

## El espejo de las redes sociales

Esas imágenes mentales que se han apoderado de las reales se mantienen alimentadas muchas veces por toda una industria de la imagen. Y por una vida en la red que desfigura los muchos matices de la belleza real al reducirla a imágenes concretas, una detrás de otra y sin parar. Continuamente. Una realidad tan impactada como deformada que ha ido condicionando nuestra manera de mirar. Y transformando nuestra capacidad de conexión en desconexión.

Muchas veces me parece que las relaciones que se establecen en las redes sociales tienen mucho que ver con la mirada. Y con sintonizar y reconocerse. Algunas veces hay distorsión. Pero también con frecuencia me encuentro con personas que saben ver lo que hay detrás.

Creo que todos debemos reflexionar sobre lo que compartimos y pararnos a pensar en qué es lo que refleja. Desde dónde lo hacemos y cuánta autenticidad tiene. No puede ser más acertado Milan Kundera en su libro *La lentitud* al decir: «Cuando las cosas suceden con tal rapidez, nadie puede estar seguro de nada, de nada en absoluto, ni siquiera de sí mismo».

A mí me ayuda tratar de buscar siempre el contenido de valor y la conexión. Y lo hago buscando la historia detrás de mi vida, los valores universales y reconocibles para otros.

Intento no perder nunca de vista que no es mi vida la que es interesante, sino la historia, la reflexión y los puntos de conexión con las vidas de otros.

Como pasa en la vida, si no das, no recibes. Pero dar no es contarlo todo ni retransmitir tu vida con insistencia. Compartir es pararse y pensar por qué lo haces. Y hacerlo desde un sentimiento y una realidad verdaderos que cuenten una historia que vaya un poco más allá de tu vida. En realidad, compartir es algo natural si nace de la mirada correcta, y si es recibido de la misma manera, enriquece, inspira y suma. No importa cuántas personas reciban lo que compartes, siempre has de pensar en clave de una sola. Porque es en esa esencia universal del ser humano donde nos encontramos con cada individuo y con todos a la vez.

A veces creo que deberíamos dedicar nuestras redes sociales a los valores universales, a esos reconocibles por todos, y alejar los focos de nuestras individualidades. Hay que ver más allá de las cifras y buscar lo que nos une a otros. Lo que nos hace conectar.

Y debemos usar la evocación más que la exposición, alejarnos del ruido y buscar la belleza compartiendo desde el corazón. Y desde nuestra realidad y nuestras emociones, que nada tienen que ver con dónde hemos ido hoy a hacer la compra, por decir algo.

Tienes que encontrar tu propio estilo en la red, como una prolongación de tu propia imagen, como esa tercera realidad que también deja una huella, abre puertas y genera riqueza. Todo lo que en las redes sociales nos aleja de eso y no contribuye a hacer crecer nuestra capacidad de asombro deberíamos desterrarlo sin miedo.

Debemos transformar la manera en la que nos miramos, en la que nos miran y en la que miramos. Y convertir la mirada en el alimento que nos hace crecer en muchas direcciones.

Sigamos un poco más.

# 5.
# Un armario ligero

«Que tus elecciones reflejen tus esperanzas, no
tus miedos.»

Era un sueño repetitivo: volvía a ser niña y me ponía
una camiseta de mamá. Otras veces me soñaba de rodi-
llas en el suelo con piedras pequeñitas rozándome la piel
mientras el viento me acunaba el pelo. No sé si volví a
soñarlo o solo a imaginarlo. O si podría ser una historia evocada en una de esas fotos que encontré en aquel
cajón.

Yo no lo sé, pero si vuelven esos sueños dejaré que
jueguen conmigo otra vez.

Y seré mar y niña.

QUEREMOS
UN ARMARIO
MÁS GRANDE
PORQUE
SOÑAMOS
CON UN ESTILO
MEJOR

# El síndrome del vestidor

La ligereza es muchas cosas. No solo tener poco, que también. ¿Hay algo más ligero que abrir el armario y ver espacio? ¿Y que vestirte por las mañanas sea fácil y sencillo? ¿Y que no te cueste recordar de memoria cuáles son tus vestidos o tus jerséis?

La ligereza es encontrar tu suficiente. Y es conciencia y agradecimiento. Encontrarnos con la ligereza es reconciliarnos con la frecuencia en la que las cosas funcionan de manera natural. Con ella nuestras vidas se vuelven sencillas y más fáciles de vivir, nos acerca a la certeza de que es posible ser feliz con lo que tenemos.

Tener estilo es elegir. Pero no solo elegir tenerlo, sino que para hacerlo funcionar debemos llenarlo una y otra vez de elecciones con sentido para nosotros.

Ser feliz resulta que también es algo que se elige.

Y algún tiempo después de contemplar la magia de esas dos maravillosas elecciones juntas me ha sorprendido el increíble efecto secundario de la ligereza.

Siempre he defendido que la mejor manera de transformar la relación con tu estilo es cambiar la manera en la que te relacionas con tu armario. Y la manera de mirarlo.

Imagina un armario lleno de ilusión. Un espacio que te aporta calma y donde se ven reflejadas tus elecciones, tu personalidad y tus historias. Un lugar donde hay un poco de todo y mucho de nada.

¿Cómo te suena eso?

La relación con nuestro armario es una historia continua de relación entre dos extremos: cómo llenarlo y cómo vaciarlo.

Aligerar tu armario transforma tu relación con él porque pasa de hacerla imposible a posible. Y eso es algo muy feliz.

Hace ya un tiempo que observo curiosa nuestra obsesión creciente por el orden. Y también esa obsesión generalizada de aspirar a tener algún día un gran vestidor. Mejor si es de esos de película. Y que a todas luces están bien alejados de nuestras necesidades reales de ropa.

Me sorprenden tantas dosis de energía orientadas a ordenar tanto exceso de todo y tan pocas en resolver lo que lo provoca. Creemos que nuestra solución está en tener más espacio disponible, cuando en realidad lo que necesitamos es tener menos cosas.

He terminado por pensar que no es que queramos un armario más grande, es que soñamos con un estilo mejor.

Si lo pensamos despacio, nos damos cuenta de que tener más solo nos lo pone más difícil y que ordenar por ordenar no tiene ningún sentido.

Hablamos mucho de orden, pero la verdad es que en sí mismo importa bastante poco. Se trata de preguntarnos por qué ordenamos. O, aún mejor, para qué. El orden es solo una herramienta para hacer posible «eso que queremos». ¿Y qué queremos en realidad? Encontrar las cosas rápido, aprovechar el espacio, más calma exterior, paz interior, más control, ganar tiempo, usar más la ropa que tenemos, hacer mejores combinaciones... ¿Qué más añadirías tú?

Todo eso que buscamos apunta en el fondo hacia nuestra necesidad de ligereza, muchas veces demasiado escondida como para identificarla.

No se trata de ordenar miles de pantalones y de camisetas, sino de tener las justas y ordenarlas para poder usarlas más y disfrutarlas mejor. Incluso de ordenarlas para encontrar la medida de qué es lo suficiente en nuestro caso, para descubrir qué no necesitamos, qué nos sobra, qué nos gusta... El orden es como un *detox* que nos mantiene cerca de esas elecciones conscientes sobre lo que sí queremos.

Ordenar por ordenar se parece a tener por tener.

Piensa en esta secuencia: compras algo con ilusión. Lo estrenas enseguida. Lo usas mucho, de muchas maneras distintas, hasta que ya no se puede usar más y, con cierta nostalgia, pero con la sensación de haberlo disfrutado, lo dejas marchar. Queda espacio e ilusión para algo nuevo.

Piensa ahora en esta otra, compras algo con cierta emoción. Lo usas una vez, tal vez dos, pero sin mucho convencimiento. Al principio, lo ves en el armario y te entra la culpa de esa mala compra. Como no sabes qué hacer con esa prenda, la dejas ahí. Termina por volverse invisible aunque ocupe un espacio. Hace «ruido», pero te acostumbras. Con suerte, algún día pasará a otras manos que sí lo usen o terminará en una bolsa para la caridad. Pero dejará un rastro pesado dentro de nosotros incluso después de habernos desecho de esa prenda.

La ropa existe para vestirnos con ella, lo que implica usarla. Y cuanto más lo hagamos, más sentido tendrá el hecho de tenerla. Y de comprarla. Nos hace felices lo que más usamos. Siempre habrá algunas cosas que serán solo para ocasiones especiales, pero el valor de esos momentos hará que sean suficientes veces.

Me siento a contracorriente diciendo esto, pero me parece que una vida sencilla se lo pone fácil a la felicidad. Sin grandes necesidades ni grandes pretensiones todo vale mucho más. El apego a nuestra ropa y la obsesión por la cantidad nos limita y aleja de conseguir lo que en realidad queremos.

Más allá de que te guste ese pantalón que ya no usas, a lo que estás apegada es a la idea de que podría servirte de nuevo o podría volver a gustarte.

Y ya hemos hablado de lo que significa invertir los tiempos con nuestro estilo. Y cómo eso nos desconecta de nuestro presente. El problema no es solo el espacio físico que ocupa toda esa ropa que no usamos, sino el espacio que ocupa en nuestra mente.

Llenar nuestro armario de usabilidad (cosas que usamos) multiplica sus posibilidades de funcionar como lo que realmente es: una herramienta al servicio de nuestro estilo.

El armario no es un lugar donde almacenar el mayor número de ropa posible, sino ese espacio de nuestra casa con el que nos relacionamos a diario para poder vestirnos con éxito. Y, más aún, para que hacerlo sea una experiencia agradable. Y hasta inspiradora la mayoría de las veces.

# EN EL ARMARIO
# LO QUE NO SE VE
# NO SE USA

# Vivir sin altillos

Pensar en vivir sin altillos es pensar en tu estilo más de lo que crees. Y vivir sin ellos es una gran idea para la salud del armario y para nuestros deseos de ligereza.

Sé que hay cosas puramente de temporada, como los jerséis gordos y las bufandas, los bañadores y las sandalias…, pero no son tantas.

Guardado significa demasiadas veces olvidado, amontonado y almacenado. Lo que guardamos tiene que estar accesible y haber sido revisado en algún momento no muy lejano. Y tiene que gustarnos. Debes haber decidido quedártelo por alguna razón.

Me encontré por primera vez con la idea de «vivir sin altillos» en el libro de Marie Kondo. Al leerlo tuve uno de esos momentos que hemos tenido todos los que la hemos leído de «eso es imposible».

Ahora empieza a parecerme que guarda mucho del poder que nos da controlar las cosas que no se ven. Puedes ponerlo en la lista de armas invisibles, junto con la ropa interior y la de estar en casa.

La gestión de nuestros altillos, o la ausencia de ellos, es una perspectiva muy reveladora. Como pasa con tantas cosas, tuve que experimentarlo por mí misma para creer que era posible y, además, una buenísima idea.

Para mi suerte, acababa de mudarme a Inglaterra y estrenaba armarios curiosos en mi nueva casa: con moqueta por dentro, ni una sola cajonera, un solo estante y una larga barra de lado a lado. Y, por supuesto, sin altillos.

Hacía tiempo que quería soltar peso, pero cuando me enfrentaba al armario las dudas sobre qué y cuánto dejar paralizaban mis decisiones una y otra vez. Y eso era aún mucho peor con las cosas que estaban guardadas. Daba igual cuántas veces ordenara nuestros armarios que siempre había un montón enorme de cosas que, por si acaso, había que conservar.

Cuanto más avanzas en esto de la ligereza, menos sentido tiene el concepto de almacenaje. Y si hay algo que después de muchas mudanzas tengo claro es que dentro de esas cajas que «guardan cosas» lo que menos encuentras dentro es ilusión.

Guardarlo en el altillo y olvidarlo es todo uno. Así que mi primera medida fue reducir la cantidad de cosas para guardar. Y después bajarlas a un lugar donde pudiera verlas con facilidad.

Así que solo podía quedarme con cosas que cupieran en el último cajón de una cómoda o en una caja que li-

# LO QUE IMPORTA NO ES EL ORDEN, ES LA LIGEREZA

mité a una por persona, y no demasiado grande, para las cosas muy estacionales. Mis hijos tienen también cada uno la suya. La llamamos la caja de los tesoros, y está muy a mano para que consultar su contenido o meter y sacar algo de ella sea muy fácil.

Nuestra necesidad de tener altillos se fue diluyendo y empezamos a guardar muchas menos cosas que antes. Y todas dentro de esas categorías de usos especiales, como ropa de fiesta, jerséis de Navidad, complementos para celebraciones y una caja con la poca ropa de bebé que quiero conservar.

Todo esto me llevó enseguida a algo que ha resultado aún mejor para la salud de nuestros armarios: conseguir que la mayoría del armario sea atemporal.

Y aún hay una caja más: la de los recuerdos, ropa que por distintas razones tiene un valor sentimental, pero que no podemos usar y de la que tampoco queremos desprendernos. En esos casos la guardamos como lo haríamos con una carta, una foto o un objeto especial.

De hecho, nuestras cajas de recuerdos ya son una mezcla de ropa con otras cosas.

Nuestra relación con nuestro armario cuenta muchas cosas. Y especialmente lo hace lo que guardamos y cómo lo hacemos.

## Compras, consumo y ligereza

Cuando hablamos de ligereza en el armario es fácil que se nos olvide el papel que desempeñan las compras. Y cómo es nuestra relación con ellas.

Pero no podemos pensar en el armario sin abordar de alguna manera nuestras compras. Y lo primero que me gustaría decirte es que estoy convencida de que no es posible tener estilo sin comprar nunca nada. Al tiempo que creo que es necesario encontrar el equilibrio entre la ligereza y la novedad.

Estoy muy contenta viviendo con armarios más ligeros, pero parte de su éxito, una vez asentados, ha pasado por mantener la ilusión.

Cuando aligeré por primera vez mi armario de verdad me sometí también a un experimento con el que pretendía reducir mis compras. Pero lo hice durante demasiado tiempo (un año entero) y mi armario empezó a volverse triste.

Me encontraba demasiadas veces tratando de hacer *looks* con prendas que ya no me emocionaban. Y eso es el principio del fin en el estilo.

En todo ese tiempo no he necesitado un armario más grande ni más prendas de las que me había marcado

# UN POCO
# DE TODO Y
# MUCHO DE NADA

como límite, pero sí la novedad y la ilusión por disfrutar vistiéndome.

Para que los armarios ligeros (cápsulas o no) se puedan mantener en el tiempo hay que renovarlos. Tan importante es tener poco como tener nuevo. Porque estrenar renueva la ilusión.

Compras mejor cuando compras menos, pero no cuando lo haces por debajo de ciertos niveles de ilusión. Pude comprobar que es difícil superar la barrera de las dos estaciones sin comprar y sin caer en la falta de ilusión.

Y aunque sigo creyendo en la necesidad de mantener el control en nuestras compras, no debemos dejar de comprar, lo que nos lleva a aprender a comprar bien para multiplicar nuestra ilusión con las compras justas.

No hay una medida mágica para esto. Cada uno debe encontrar la suya, y parece obvio que debemos pensar más en la calidad que en la cantidad para que nuestro armario no se vuelva pesado.

Pero comprar es como jugar. Y jugar es el ingrediente mágico para disfrutar del estilo. Al igual que vestirse es emocionarse en una especie de enamoramiento con nuestra ropa.

La fuerza de lo nuevo nos representa muchas veces en nuestros cambios, en nuestras nuevas necesidades y en nuestras ilusiones. Y a veces conseguir que funcione es tan sencillo como estrenar.

Para que el estilo funcione tiene que ser compatible con la ilusión. Y no hay nada tan ilusionante como lo nuevo, sobre todo cuando le hemos dejado espacio y dado todo el sentido.

Soy muy defensora de las buenas compras y del poder de estrenar como una manera de renovar nuestras ilusiones una y otra vez.

Pero la sensación de estrenar puede ser muchas cosas: un lugar que visitas por primera vez, un nuevo ritual por las mañanas, las sábanas limpias, la primera página de un libro, una nueva manera de peinarse... Y unos zapatos nuevos.

Buscando el verdadero sentido trascendemos la necesidad de satisfacción para sustituirla por la de abundancia. Y nos liberamos de cosas que nos atan, como tener que seguir las tendencias o la obligación de las rebajas. Y somos felices repitiendo muchas veces algo que nos gusta mucho.

# PARA ALIGERAR
# HAY QUE CONTAR

## *Low cost*: tonto el que no compre

Somos capaces de cambiar muchas cosas, cada día estoy más convencida de ello. Todo depende de no mirar hacia otro lado y de ser más conscientes para encontrar la manera. Muchas cosas cambian cuando «te das cuenta». Como, por ejemplo, que en nuestra manera de comprar se esconden maneras muy infelices de relacionarnos con nuestra ropa.

Es habitual que cada cierto tiempo surjan voces acusando a las grandes marcas *low cost* de sus maneras de producir su ropa y también que esas mismas voces se silencien pasado un tiempo. Y quiero creer que esa conciencia de consumo más sostenible será cada día más fuerte. Lo que es seguro es que hay una relación directa entre la ropa *low cost* y el consumo en grandes cantidades.

No niego algunas de sus bondades, como la accesibilidad y la democratización, pero creo que ya va siendo hora de hablar también de algunos de los efectos secundarios del *low cost* en nuestra manera de comprar y en nuestro estilo.

Compramos más ropa de la que realmente necesitamos. Por el mero hecho de que es asequible creemos que la necesitamos, aumentando nuestra percepción de que con más opciones tendremos más posibilidades de vestirnos mejor. Nos han enseñado a tener, que no es necesariamente lo mismo que enseñarnos a ser. Y para vestirse bien hace falta, sobre todo, lo segundo. Compramos siempre en el mismo sitio, como si tuviéramos la obligación de hacerlo de esa manera. Con frecuencia me encuentro con problemas de estilo que se resolverían cambiando de marcas, buscando en otros sitios, saliendo de las «*low cost* de siempre» y descubriendo nuevos proyectos.

Compramos más por el precio que por la ropa en sí misma. Hemos perdido el valor del valor, valga la redundancia. Vemos la prenda con otros ojos solo porque de ella cuelga una etiqueta con una cifra que creemos baja. Nos da igual si nos hace falta, si nos queda bien, si es de buena calidad, si de verdad nos gusta, si la vamos a usar o cuánto va a durar. Y muchísimo menos cómo y por quién ha sido confeccionada. Es barata, tiene que ser nuestra. Y con ella se abre en nuestro armario otro agujero negro lleno de supuestos «chollos».

El consumo ha triunfado en nuestra vida porque nos ha hecho creer que cuanto más tengamos, mejor nos vestiremos, mejores seremos y más felices podremos llegar a ser. Y es una mentira enorme que nos hemos creído todos en mayor o menor medida. Puede parecerte que exagero, pero…

¿Podrías pasar más de un mes sin comprar nada? ¡Y dos o más? ¿Miras las etiquetas interiores de la ropa que compras? ¿Te hace feliz comprar por un precio «cuanto más bajo mejor»? ¿Cuántas veces has comprado el mismo tipo de prenda? ¿Cuánto dura en tu armario la ropa que te compras? ¿Te has parado a pensar que detrás de la ropa que compramos hay personas? ¿Practicas el mirar, pero no comprar?

Por desgracia, creo que nos va a faltar siempre información suficiente para poder hacer compras cien por cien responsables, y tampoco creo en posturas radicales, pero sí en el poder que tenemos como consumidores de ser más conscientes y despertarnos. Y cambiar la realidad a golpe de una de las elecciones más poderosas: nuestras compras.

El problema del *low cost* es justamente que nos hemos vuelto inconscientes. Rota la barrera del precio, hemos perdido el sentido del valor, de la espera, de la duración. Y también hemos desconectado esa manera de comprar del estilo verdadero, y de la felicidad. Y, en realidad, también de un mundo mejor, aunque aún no hayamos caído en la cuenta.

# TODO DEBE ENTRAR Y SALIR CON FRECUENCIA

## Armarios cápsula y dietas de compras

Siempre he sido de letras, pero resulta que los números pueden llegar a ser muy inspiradores y tienen mucho más que ver con el estilo de lo que imaginas: tres colores para un buen *look*, cinco neutros para un fondo de armario, dos contrarios que se atraen, una prenda en cada percha, dos braguitas por cada sujetador, usar los cinco sentidos, al menos un espejo de cuerpo entero, repetir lo que funciona, mucho de todo y poco de nada... ¡Puras matemáticas! Aligerar nuestros armarios a veces es algo tan sencillo como aprender a usar las matemáticas en ellos. Y contar. Contar aligera, aclara, define y nos hace mucho más conscientes. Con nuestro estilo también.

Esa es la esencia de los armarios cápsula: reducir el total de tu armario a una cifra. En mi propio método es cincuenta y cinco, pero encontrarás muchos que rondan las treinta y tres prendas.

¿Dirías que tu armario es una fuente de energía, calma y felicidad? ¿Sabes el número total de prendas que hay en tu armario? ¿Y cuántos pares de zapatos tienes? ¿Sabrías decir cuántas cosas compras en un año?

No es lo mismo tener un problema de orden, o incluso creer que tienes demasiadas cosas, que ponerte a contar delante de tu armario y aterrizar de golpe en tu realidad.

Es seguramente uno de los ejercicios más poderosos y clarificadores que existen para recuperar el control sobre nuestros armarios, nuestras compras y nuestro estilo. Como también lo es usar alguna de las dietas de compras que nos ayudan a marcar un punto de inflexión. Si lo que necesitas es recuperar el control, pero estás muy lejos de plantearte un armario cápsula o más ligero, te aconsejaría que empezaras por ordenarlo todo hasta dejarlo a la vista, contar todo lo que tienes para ganar en conciencia y seguir alguna de estas dietas de compras:

1. **Tres compras en tres meses:** para hacer una dieta en una sola estación y cuando quieras cambiar la inercia de comprar más de lo que necesitas.
2. **Doce tesoros en un año:** independientemente de que decidas comprar otras cosas, debes ponerte como objetivo encontrar doce cosas que enriquezcan tu armario en texturas, colores, marcas, calidad…
3. **Seis compras en seis meses:** para armarios que necesitan aligerarse o personas que quieran prepararse para un armario cápsula es una buena manera de empezar

a convivir con la ligereza. No aconsejo hacerlo más de este tiempo. Y si volvieras a repetirlo, hazlo al año siguiente en las estaciones contrarias.

4. **Buscar tu propia medida en algo:** tanto para comprar de más como de menos y construir tu propio reto en función de eso. Por ejemplo, si nunca compras abrigos, ponte un reto en ese sentido que te ayude a reforzar partes de tu armario más flojas. O si siempre terminas comprándote camisetas, invéntate otro que te ayude a aligerar por ahí.

Un estilo más feliz se conquista poco a poco y a menudo por fases. Es importante empezar a caminar en una dirección y sumar pasos, sin pretender llegar de golpe a ningún sitio.

Es difícil pasar de tener un problema de orden, o de cantidad de ropa, a pretender vivir con un armario cápsula. Aunque si lo hicieras, sacudirías tu conciencia como nunca. Pero la realidad es que pocas veces funciona así.

Para la mayoría de nosotros es más realista plantear los cambios de manera progresiva, que no es por eso menos eficaz. De hecho, el más importante es ese pequeño paso en apariencia insignificante, pero que te pone en el camino. Y no dejar de dar muchos más.

Cuando quieras darte cuenta habrás transformado la manera en la que convives con tu armario y gestionas tu estilo.

## Movimiento y colores

Todo esto tiene sentido si con ello transformas la «experiencia» de vestirte cada día. Y que tanto conciencia como ligereza llenen tu armario de acción, de movimiento. O, dicho de otra manera, que las prendas de tu armario se muevan y tú lo hagas con ellas.

En un armario preparado para la acción se cuela la energía del movimiento. Además de ropa, habrá acción y calma, creatividad e improvisación, orden e ilusión, color y juegos, *looks* y sonrisas. Mucho movimiento en todos los sentidos.

Y, sobre todo, uno que haga que algo se ponga en marcha dentro de ti. Y que muevas toda tu ropa como nunca antes.

Se trata de que tú y tu armario os llenéis de vida. Unir la conciencia a la acción es una auténtica revolución.

Para terminar de hacer que la fuerza del movimiento funcione te sugiero que analices los colores de tu armario;

# ACTITUD, ORDEN Y UN POCO DE LOCURA

identificando cuáles tienes y cómo se reparten en tus *looks*. Este es un análisis fundamental en un armario maduro. Y tiene mucho que ver con hacer fácil el movimiento. Me gusta pensar en los colores del armario como en un lienzo.

Y enfocar su uso, sobre todo en los colores neutros, como esa base sobre la que vamos a poder construir, o pintar, buenos *looks*.

Los colores son una pieza clave en la construcción de tu armario, tenga el tamaño que tenga. Y en ellos tiene que haber un criterio y un equilibrio que funcione entre colores vivos, neutros y estampados.

Hay que pararse a observar y jugar con la ropa para entender cómo se relacionan los colores entre sí y cómo impactan de diferente manera según estén ubicados en tu *look*. Piensa, por ejemplo, en uno vivo como el rojo y cómo cambia su efecto si lo usas en un vestido, en la punta de unos zapatos, en la uñas o en un jersey.

Yo creo en tener suficiente variedad, pero sin llegar a tener un circo de colores en el armario. Se trata de conseguir que sea fácil hacer *looks* y no imposible combinar unas cosas con otras. En este sentido, y volviendo a la idea del lienzo, para mí la clave está en la gestión de los colores neutros.

De los cinco colores neutros que existen: blanco, *beige*, azul marino, negro y gris, te aconsejaría tener al menos tres en el mayor tipo de prendas posibles. Y mejor si es de pies a cabeza. De esta manera será más sólida la base cromática de tu armario y más fácil poder «pintar» tus *looks*.

Esto funciona incluso para poder construir *looks* sencillos, pero rotundos, en los que mezcles tres colores neutros entre sí. O incluso para hacer *total looks* con uno solo de esos neutros.

Lo mismo te diría sobre todo el resto de colores y estampados posibles. Te animo a que tengas algo de variedad y que la modules según tu personalidad. Se puede construir un armario solo con colores neutros, pero creo que el manejo del color y el estampado, al menos en ciertas dosis, multiplica nuestras opciones expresivas.

Y no podemos olvidar la dimensión emocional de los colores: cuánto te identificas con los que tienes y cómo los usas en función de momentos, circunstancias y estados de ánimo. Porque ponerle colores a tu armario es hablar también de emociones.

No creo mucho en la distinción clásica que dice que hay unos colores que puedes usar y otros que no, si bien es cierto que el tono de tu piel, ojos y pelo influye en cómo los colores funcionan en ti. Pienso que, por encima de eso, terminamos por vestirnos con los colores que más nos gustan y por ponernos esos que de alguna manera nos representan.

Es útil saber si hay un color que te favorece más a la cara, algo que jugando y observando puedes descubrir tú sola. E incluso saber si hay alguno que no funciona en ti, pero que, si te gusta, siempre podrás usar en partes como los zapatos o los bolsos, más alejados de la luz que ese color refleja en tu cara. Pero seguir usándolo igualmente.

No me gusta la idea de decirte cómo debes llenar tu armario. Y no porque no haya prendas más o menos universales que aconsejarte, sino porque si te las doy, se perdería la mejor parte: las que elegirías tú.

Mi blog empezó hace casi diez años entrevistando a mujeres. No eran personajes públicos o mujeres aparentemente conocidas por su imagen. Empecé mis investigaciones entrevistando a las mujeres que tenía a mi alrededor. Muchas de ellas entre mis amigas y familia. Y fue gracias a ellas que me enamoré del estilo.

Cuando les proponía hacerles una entrevista sobre ese tema, todas reaccionaban igual: «Yo no tengo nada que decir sobre estilo».

Y todas se equivocaban.

Los mejores consejos de estilo que he escuchado o leído en toda mi vida no tenían nada que envidiar a la sabiduría de aquellas mujeres que tenían muchísimo que decir.

Estoy segura de que tú eres una de ellas. De que todas sabemos mucho más de lo que creemos.

# 6.
## Volver a casa

«Hablar contigo me parece un refugio.»

EMILY DICKINSON

Cuando ella me dijo que llegaría el día en que mi lugar en el mundo podría ser hasta mi mesa no pude creerla. Pero terminó por parecerme posible. Y ahora entre la luz del otoño y mi mesa rota ya no sabría qué elegir.

Infravaloramos a veces lo necesario que es sentirse acogido, seguro y en calma. Olvidamos, muchas veces porque no nos queda otra, el poder escondido en nuestros hogares.

Es allí donde se aprenden muchas de las cosas importantes que a simple vista podrían pasar desapercibidas, pero que necesitamos tanto como respirar. Con el tiempo he descubierto que en su refugio sucede la magia.

# AMOR HASTA
# EN LOS CEPILLOS

Ya sabes que creo en lo cotidiano como en el mejor territorio para la belleza. Y eso ha terminado por reconciliarme con todo lo que sucede y conforma nuestros hogares. Pero no siempre fue así.

Durante muchos años «las cosas de la casa» me parecieron un castigo. Y algo que sin ninguna duda no estaba hecho para mí.

Me he pasado años diciendo que yo solo tenía muebles e hijos y que con ellos nos movíamos por el mundo. Lo curioso es que al decirlo no terminaba de entender lo relevante de semejante afirmación.

No me daba cuenta, como me doy cuenta ahora, tres países después, de cómo con la relación con las cosas que conforman nuestro hogar y nuestra propia familia vamos tejiendo los vínculos que afianzan nuestro refugio. Y cómo es ahí donde podemos vivir y crecer realmente.

Dice Louisa Thomsen en su libro *Hygge* que «es un sentimiento que todos conocemos, pero no sabemos acabar de definir. Y que lo encontrarás en el ritmo de tu vida diaria, en tus hábitos, rutinas y costumbres...». Y es un sentimiento que conecta con nuestro sentido de pertenencia, uno de los muchos sextos sentidos que necesitamos para una vida feliz.

¿Cuál es tu percepción de hogar en este momento de tu vida? El hogar es la importancia de nuestro espacio como una realidad por derecho propio. O, como dice de nuevo la misma autora, el lugar para «descansar en sí mismo».

La idea del hogar como refugio no es solo material, es emocional y espiritual. Y se construye a base de rituales, vínculos y rincones mucho más que con objetos y propiedades.

«Solo habita con intensidad quien ha sabido acurrucarse», dice Gaston Bachelard. Y he ahí la importancia de delimitar esos lugares y momentos en los que recuperamos la calma, y a nosotros mismos. Cuanto más concreta sea esa delimitación, más seguros nos sentiremos. Esa es por encima de cualquier otra cosa la fuerza de los rituales. Con ellos el espacio, el tiempo y hasta nuestra propia existencia se materializan. Se delimitan para ser con mayor intensidad.

Fue así como yo comprendí que a pesar de mi vida nómada y mi sensación de falta de raíces era al refugio de una mesa donde volvía a recuperar mi centro. En ese ritual cotidiano, tan mío y tan concreto.

No conozco un lugar mejor para cultivar nuestra vida interior que nuestra casa. No hay una caricia más sutil para los sentidos, el entendimiento, la capacidad de expresión y el amor por lo que somos.

No se me ocurre un lugar mejor donde celebrar la belleza y la vida a diario. Si nuestros días se suceden entre salir corriendo por la mañana y volver demasiado cansados por la noche, se nos está escapando algo de lo que significa en realidad vivir la vida.

Demasiadas veces he visto en la cara de mujeres desbordadas la desesperación de quien ha perdido el contacto con ese ritmo silencioso del hogar. Y a menudo sus ojos me dicen que no saben cómo encontrar el camino de vuelta a casa.

Y no es una cuestión de cuánto tiempo pasamos en nuestros hogares, sean casas o no, sino de cómo lo hacemos cuando estamos en ellos.

Tanto la casa que tienes ahora como esa con la que sueñas están llenas de pegas. Tampoco existen las casas perfectas, ni aunque pudieras diseñarla tu misma lo serían. Pero sí existen las casas felices. Y existimos nosotros en ellas.

Cada uno de nosotros le pedimos algo distinto a nuestra casa. Cocinas grandes, un poco de jardín o baños bonitos están en la lista de prioridades de muchas personas.

# HABITAR TU CUERPO ES VOLVER A CASA

Y tú, ¿sabrías decir cuáles son las tres cosas más importantes para ti en una casa? El tamaño de las ventanas, la luz de la tarde o la de la mañana, armarios grandes, techos altos, que esté en la ciudad, que sea de campo... Todo eso es la parte material que nos ayuda a conectar con nuestros espacios. Y es importante, pero no tanto en sí mismo como por ser la puerta de acceso hacia el espíritu de la vida que se crea en los lugares en los que vivimos. Para que las casas se transformen en hogares y vivir en habitar. Lo que hace una casa feliz es la manera en la que nos relacionamos con ella. Y es en esa relación en la que nos encontramos una y otra vez con tantas cosas. Objetos y casas que son refugios a los que queremos volver una vez y otra. Y que piden ser compartidos.

Una casa no es un hogar sin orden y desorden, sin la manera en la que la habitamos, los rituales y los rastros que van dejando todos los que viven en ella. Las casas y lo que hay en ellas son en parte nuestro reflejo, pero también tienen una personalidad propia que nos influye.

Tienen un tipo de vida por sí mismas que se multiplica y expande con la vida de las personas que la viven. Yo creo que de esa fusión entre objetos y personas nacen los hogares. Pero tu casa no es el único hogar.

## Sintonizar con tu cuerpo

Somos una moneda de dos caras. Somos partes indivisibles que solo pueden vivir unidas. Aunque a veces parezca que podemos ser capaces de vivir partidos en dos. Sintonizar con todas las partes de lo que eres es lo que produce el equilibrio. Y lo que nos conecta con el sentido profundo de nuestro ser humano. Tu cuerpo, tu mente y tus emociones conectados.

Al fin y al cabo, vestimos un cuerpo que alberga muchas más cosas que nuestras ropas. Y que aspira a mucha más expresión y entendimiento con nosotros que el de ser cubierto o vestido con más o menos acierto.

Es fácil que estés de acuerdo conmigo en que no es lo mismo ponerse un jersey que hacerlo sintiendo el contacto de su lana. Esa que tal vez también te haga sentirte protegido al tiempo que te quita el frío. Y, quién sabe, hasta podría recordarte a las mantas que había en casa de la abuela o que al olerlo después de un tiempo en el armario te devuelva los recuerdos de tu infancia. Y como el golpe de un nuevo olor, te despierta la fuerza de un verano pasado o de aquel primer amor. O hasta levanta en ti la necesidad de viajar para visitar a alguien.

Y qué me dices de esas pulseras que se chocan o del juego de tu anillo sobre la mesa o de esos zapatos que que hacen ruido al andar.

O de aquel vestido verde bordado que compraste con tu primer sueldo en aquella ciudad donde viviste sola por primera vez. O de esa camiseta blanca en V que tardaste en descubrir que te sentaba de miedo y que ahora no falta en tu armario. O de aquellos vaqueros que volviste a ponerte después de traer una nueva vida al mundo y de recuperar la tuya en ese acto de «volver a caber en ellos» que te devuelve más completa y más físicamente tú.

Esa frecuencia sensorial y más física de nuestro estilo solo es posible experimentarla cuando se viven cuerpo y mente como una misma realidad. Cuando nuestros sentidos están afinados y todo lo que somos está conectado en un todo.

A la mente no se llega solo a través de la mente. También es posible hacerlo a través del cuerpo, que tiene una memoria increíble y miles de puertas hacia secretos e historias. Con frecuencia nos tratamos como realidades separadas cuando en realidad somos lo mismo. No tenemos un cuerpo, una mente y unas emociones. Somos todo eso al mismo tiempo.

En la comunicación que mantenemos con nuestro cuerpo, a menudo perdida, hay toda una realidad que es indispensable recuperar. Empezando por aceptar que necesitamos nuestros sentidos para conectar con el mundo y para expresarnos. Y que tenemos la obligación amorosa de cuidar nuestros cuerpos. Y que existen muchas más energías que solo la racional o la lógica: la emocional, la intuitiva, la subconsciente, la del universo, la del amor, la de la fe... Hay muchas cosas que se ven cuando se cierran los ojos y se calla la mente. Hay todo un mundo de sabiduría cuando solo se mira.

Y muchas cosas que se curan cuando se aprende a escuchar el lenguaje del cuerpo. Descubrir, como dice José Tolentino, nuestras «dosis de desamor» y apoderarnos de ellas.

Porque curarse no es otra cosa que recuperar los equilibrios perdidos y atender los reclamos de las emociones desatendidas. Y abandonar nuestro espíritu de lucha continua. Porque cuando perdemos nuestra capacidad de escucharnos y adaptar nuestras respuestas solo luchamos. Y luchar es agotador.

En un mundo ultrarracionalizado es muy fácil caer en pensar que se siente, pero no estar sintiendo en realidad. Y haber olvidado cómo usar todos nuestros sentidos.

Y es sencillo también ignorar las emociones y ridiculizar la sensibilidad. Sustituir nuestra capacidad perceptiva o nuestra sensibilidad por información inútil que encaja en un mundo y una manera de vivir que se mide en velocidad, razón y eficacia.

Pero todo eso que queremos ignorar sucede. Y se abre paso siempre de una u otra manera, aunque no tengamos tiempo o conciencia. Y qué pasa con todo ese alimento para nuestra razón que hemos perdido. En qué piensa realmente la mente cuando no observa, cuando no escucha, cuando no se calla.

¿Qué hace la mente cuando no tiene en cuenta el cuerpo que la recoge? ¿En quién piensa cuando vive desconectada del cuerpo que debería habitar?

De esa mentalidad nace este enfoque científico que nos persigue como única respuesta para todo, ese que busca la seguridad fuera y constantemente en la ciencia, apagando la certeza de nuestra propia experiencia. Y de nuestra sabiduría interior, que es mucha más de la que pensamos, sobre todo, cuando la mantenemos despierta.

Las respuestas las buscamos siempre fuera cuando nos están esperando dentro.

Puedo oír las voces de los que reclaman que «solo los expertos» pueden hablar de cualquier cosa. Pero yo he decidido escribir desde el valor enorme de la experiencia, y como el testimonio de alguien que puede que no sepa nada, pero que vivía con su cuerpo por un lado y su mente por otro y encontró el camino de vuelta a casa.

## Despertar la frecuencia interior y ponerse al mando

Despertar la frecuencia interior va de preguntarse cómo te llevas con tu cuerpo, cómo lo nutres, cómo lo escuchas y cómo lo cuidas. ¿Sabrías decir cuáles son tus fuentes de energía? ¿Y qué niveles de autonomía has conquistado para hacer todo esto? Todos necesitamos otras voces, buenos profesionales y ayuda para aprender y atender muchas cosas. Especialmente en nuestros primeros pasos de descubrimiento, pero el objetivo final debería ser siempre el mismo: ponerte a ti al mando.

Ni la terapia más natural, alternativa o pionera del mundo, por decir una tontería cualquiera, vale si te lleva a desplazar en manos de otros tu responsabilidad de escucharte y cuidarte.

Una de las cosas que más me han fascinado siempre en la cultura oriental es la manera en la que se rela-

# LA DIFERENCIA
# ESTÁ EN
# LOS DETALLES

cionan con el cuerpo. Y, concretamente, el lugar central que ocupa la cultura del masaje como algo natural y frecuente.

¿Te has dado cuenta de cuáles son nuestras puertas de acceso más habituales a nuestros cuidados físicos? El control desde la razón y las pastillas ganan por goleada. Damos saltos en el vacío omitiendo con demasiada insistencia las necesidades básicas de nuestros organismos de nutrición, ejercicio y descanso.

Los masajes son una manera maravillosa de volver a nuestros cuerpos y de trabajar nuestra conciencia corporal. Pero bailar, caminar y comer bien también. Y hasta respirar.

El verdadero conocimiento de nosotros mismos tiene en cuenta el mayor tipo de información posible. No hay nada más subjetivo que nuestra razón cargada de razones.

Reaccionamos muchas veces solo ante las emociones negativas: el dolor, la tristeza, la ansiedad, el cansancio. Y movemos nuestros cuidados alrededor de ellas, lo que nos convierte en personas reactivas y que se cuidan solo cuando saltan las alertas.

Creo que la clave está en actuar buscando la manera de cultivar las emociones positivas como la alegría, el descanso y la energía. Y movernos en una frecuencia mucho más preventiva. Y también más comprometida.

Todos tenemos llamadas de muchos tipos para despertarnos de ese letargo extraño que nos mantiene alejados de nuestros cuerpos, sus cuidados y nuestras necesidades.

La enfermedad es una de esas llamadas, así como muchos otros de los desequilibrios con los que convivimos habitualmente, como la tristeza, el cansancio o la ansiedad.

Pero a veces también hay palabras que resuenan en nuestro interior al leerlas o escucharlas. No conozco el autor, pero nunca olvidaré cómo retumbó dentro de mí aquella frase que decía: «Si tu problema no es el hambre, la respuesta no es la comida».

O aquella otra que dice: «Cuando tengas sueño, duerme. Cuando tengas hambre, come. Cuando tengas sed, bebe...». Y de cómo entonces me pareció una idea incómoda que me enfrentó con mi manera de hacer las cosas. Y me puse en marcha para recorrer un camino que te lleva de la incredulidad a la experiencia de un bienestar verdadero.

Otras veces son técnicas o ciertas experiencias. La primera vez que me puse a bailar de verdad en un curso dedicado a los *cinco ritmos*\* pasé un día entero llorando. Mi cuerpo guardaba cosas que mi razón no sabía y que el movimiento desbloqueó.

Algunos días caminando por el bosque me sorprendo llorando por un momento. Casi nunca es por tristeza. Y no siempre sé por qué, pero mi cuerpo sí lo sabe. Soy una persona muy sensible que necesita expresarse. Lo considero un privilegio y un premio que he sabido conquistar. Y cuando eso sucede es como la materialización de una emoción demasiado grande para quedarse solo dentro.

Cada uno debería encontrar su propia manera de cuidarse, y de hacerlo con medida. Intento alejarme de ese otro extremo narcisista donde el cuidado del cuerpo es una razón en sí misma. Y de esa fiebre de la experimentación y la exploración en sí mismas.

Yo busco para mi vida equilibrio, abundancia y fecundidad. Cuidarme también tiene sentido en la medida en la que me acerca a todo eso. Me cuido, y aprendo a cuidarme, para poder estar en mejores condiciones de vivir. Y de cuidar de los míos y de las cosas que me importan.

\*. Una forma de meditación activa basada en el movimiento, el cuerpo y los ritmos naturales creada por Gabrielle Roth.

*Volver a casa*

A veces me pregunto si nos damos cuenta de la falta de amor hacia los demás que hay en nuestra propia falta de amor. Y en cuánto hacemos cargar a otros cuando no nos ponemos al mando de nuestras propias atenciones. Nos han enseñado a ver todo esto del revés, pero existe un camino, cada uno tiene el suyo, desde el que recuperar esa frecuencia perdida y sintonizar con nuestros cuerpos, mentes y emociones.

¡Ya lo creo que existe!

Nos han dicho de mil maneras que la forma de llegar a nuestra mente es a través de nuestra mente. Cuando en realidad es nuestro cuerpo el que guarda nuestros secretos, misiones del subconsciente que, a falta de un lugar mejor desde el que expresarse, han encontrado refugio en el lenguaje del cuerpo: las penas de la infancia, las cosas que nos pesan, las decepciones y las pérdidas, nuestras faltas de adecuación a lo que nos pasa, lo que no conseguimos expresar y las necesidades que no identificamos.

Todo está grabado en el cuerpo y tiene un lenguaje para el que a veces no estamos entrenados. Y son nuestros sentidos y la manera en la que los cultivamos los que mejor saben cómo enseñarnos el camino de vuelta a casa: vista, tacto, oído, gusto y olfato.

ESCUCHAR
LO QUE SIENTES
Y VESTIR
LO QUE ERES

Ellos habitan en nuestra parte más corporal, pero tienen acceso privilegiado a nuestra parte emocional.

Y funcionan mejor cuanto más los usas y cuando tienen un cuerpo presente y sano desde el que poder funcionar haciendo lo que saben hacer: conectarnos con el mundo y llevarnos de dentro a fuera. Y viceversa. Y vuelta otra vez.

Prueba a mover tu cuerpo cuando estés atascada. O a relacionar esa contractura del cuello con alguna emoción. Atiende la emoción y verás cómo responde el cuerpo.

Hay personas más físicas que otras. Unas necesitamos volver al cuerpo para no quedarnos perdidos en nuestra alma. Otros necesitan salir de sus cuerpos para percibir más allá. Pero, sea como sea, para todos es algo que no debemos dejar de integrar. Y de aprender a usar a nuestro favor.

Desde que empecé el camino de vuelta a mi casa me he dado cuenta de que las personas que saben cuidar bien de sí mismas, lo que incluye sus cuerpos en una merecida posición, se conectan de manera mucho más natural con su estilo. Y con la expresión externa de su ser.

Irremediablemente las mujeres desconectadas de su imagen lo están de su corporalidad de muchas sutiles y no tan sutiles maneras. Al tiempo que es también a través de nuestra ropa y nuestro estilo como podemos volver a nuestro cuerpo una y otra vez, un día detrás de otro.

Es difícil, por no decir imposible, que te apetezca vestir un cuerpo que no respetas o que no quieres. Y si lo haces, lo harás desde la perspectiva menos acertada. El cuerpo es esa puerta de acceso hacia el amor a nosotros mismos. Y qué importante es caer en la cuenta de que solo tenemos un cuerpo para una vida, que no puedes ser otro, que no tendrás otra oportunidad ni otro cuerpo más que este. Puedes establecer un diálogo de amor, de descuido o de exigencia con tu cuerpo. Solo de ti depende esa decisión

Nos regalaron una vida para vivirla y venía con un cuerpo. Uno que es uno de nuestros múltiples regalos y un maravilloso compañero de viaje. Una máquina increíble de la que aún no han encontrado copia, que sabe cómo curarse y cómo hacerse entender, sobre todo, cuando lo dejan.

Todo tiene una onda expansiva, pero es realmente fascinante la que opera en nuestro cuerpo cuando empezamos a cambiar cosas. El efecto del desayuno, los hábitos de sueño, la piel limpia, el ejercicio diario…, todo empieza a entremezclarse en un maravilloso efecto contagioso que termina por conectarlo todo. Y es que una cosa tira de otra sin remedio. Prueba a cambiar algo, por pequeño que sea. Mándale a tu cuerpo un mensaje inequívoco de amor y verás. Se despertarán los vientos que mueven la energía imparable de nuestros organismos cuando funcionan bien. Y cuando lo hacen desde el respeto y el amor. Decía Heidegger que «habitar es proteger y cultivar». Yo creo que habitando nuestras casas y nuestros cuerpos hacemos posible que suene la música de nuestra alegría cotidiana. Y la conquista de una vida más plena y feliz.

## La nostalgia, las fuentes de energía y el cansancio

A veces muchas cosas en nuestra vida están teñidas de un sentimiento curioso que mezcla lo que queremos ser, lo que fuimos y lo que nunca seremos. Yo creo que es nostalgia.

Será por ser chica del norte, pero entiendo muy bien esa emoción situada cerca de la tristeza, pero que no llega a serlo. Y su enorme fuerza evocadora. La tristeza nos hunde, pero la nostalgia toca las teclas olvidadas y las aspiracionales. Y por eso me parece importante escucharla y gestionarla a nuestro favor.

Sabe como en un hechizo diluir el tiempo fusionando presente, pasado y futuro. Tiene el poder de evocar todos los tiempos y de llevarte en un instante a lo vivido y a las cosas con las que sueñas.

A veces somos como una promesa continua de una idea que nunca se materializa. Y esa nostalgia nos deja suspendidos, alejados de nuestro cuerpo y nuestra realidad.

Aceptación y autoestima se necesitan mutuamente. Porque la transformación verdadera debe nacer del amor y no de la autoexigencia. Y eso, especialmente en el mundo que vivimos, es algo que deberíamos revisar con frecuencia.

¿Nos estamos queriendo o exigiendo cuando nos apuntamos al gimnasio, nos pensamos una operación de cirugía, nos ponemos a dieta o nos compramos todas las cremas milagrosas del mercado? Solo una respuesta debería valer. Y solo una funciona de verdad.

El amor hace magia en nosotros como ninguna otra cosa. Y en cualquier dirección. Tanto de dentro a fuera como de fuera a dentro.

# VÍSTETE
# USANDO
# LOS CINCO
# SENTIDOS

Cuando nos miramos con amor nos vemos de verdad y con un tipo especial de exigencia. Pero no la que nace de lo que no eres, sino de lo que deberías llegar a ser. Una excelencia amable que nace de dentro, de no dejarse, de quererse. Solo el amor sabe de ese tipo de excelencia más que ninguna otra cosa. Y la verdad es que nunca es tarde para empezar a probar sus efectos. Y nunca es buena idea dejar de hacerlo, pues es el amor es el que nos pone a salvo.

Releo todo esto con ternura y una sonrisa por dentro al hacerme consciente de la belleza de este camino. Y de cuánto quiero seguir recorriéndolo. Sin intención de salirme de él y sin ninguna prisa por llegar a ninguna meta.

Piensa un momento en cuántas veces comemos sin tener hambre o estamos despiertos teniendo sueño. O cómo reaccionamos cuando nos duele algo y lo tapamos para poder seguir. Todo ese baile alrededor de estimulantes de todo tipo que nos devuelven un espejismo de algo que no tenemos realmente y que llenan nuestros cuerpos de carencias de muchos tipos. Y cuántas veces usamos la comida para otras cosas. O simplemente la manera en la que te despiertas y empiezas cada día.

Tenemos que hacer las cosas para las que estamos diseñados y dejar que nuestros cuerpos operen en su frecuencia más natural. Comer, dormir, beber, tocarnos, movernos y vestirnos.

Es algo así como ejercer el poder de la gratitud y de la compensación en nosotros mismos continuamente. Agradeciendo el regalo de nuestra vida y cuidando nuestros cuerpos adaptando nuestra respuesta a lo que necesitan en cada momento.

Cuando perdemos ese diálogo con nuestro cuerpo, cuando nos desintonizamos, aparece entre otras cosas el cansancio. Y también esa falta de energía con la que arrastramos a menudo nuestra existencia. Y nuestra intuición se apaga, y nuestra sabiduría interior se esconde. Y nos volvemos seres desesperados que necesitan pedirles a otros que resuelvan nuestras necesidades y nuestros problemas.

Ha sido mi vida nómada la que me ha hecho desarrollar una relación así con mis hogares. Y al mismo tiempo me ha hecho mucho más libre, con raíces que van conmigo donde yo voy. Y con rituales que me mantienen despierta y presente con un sentido de pertenencia mayor del que nunca tuve, ni siquiera en aquellos lugares que sentía más míos.

Cuando uno empieza a tocar esas teclas, cambia buscar por encontrar. Y la inquietud se muda en curiosidad.

No hay tantas necesidades en aquellos que se concentran más en ser que en tener o hacer.

Y qué curioso que haya sido mi vida nómada la que al final me haya liberado dándome el mejor de los hogares, el que nunca cambia, el que lleva mi nombre.

A lo mejor tu vida no es nómada, pero puede que estés a kilómetros de distancia del hogar que nunca deberíamos haber abandonado y que todos nos merecemos tener.

Si tu cuerpo y tu casa nunca cambiaron, pero sientes que tu alma no habita en ellos, déjame que te diga que existe un camino de vuelta. Y que hogar es todo lo que esté lleno de lo que eres. Sin importar dónde. O no más que el cómo, el por qué y con quién.

Ahora me doy cuenta de que confundí raíces con origen y con parte de mi historia. Ahora me doy cuenta de nuestra facilidad para encariñamos con los espacios y los lugares.

No en vano parte de la música de nuestra vida se la debemos a los lugares en los que vivimos y con los que convivimos.

Cambie lo que cambie, estarás de suerte si descubres que tu hogar es mucho más, que tu verdadera libertad es convertirte en la mejor de tus compañías, alimentando

una autonomía emocional y vital que nos hace libres de
habitar un lugar, pero, sobre todo, de habitarnos a nosotros mismos, fusionando lo que eres en una experiencia
de hogar mucho más profunda. Y más libre.

Creo que las casas en las que he vivido me pertenecen
de muchas maneras. Y quizás de la única en la que se
pueda realmente poseer una casa. He escrito historias en
ellas, las he vivido y habitado. Me han ayudado a vivir,
revivir y sobrevivir muchas cosas.

Y aunque es verdad que en mí vive la ilusión de mi
casa llena de las cosas que yo creo que son importantes
para mí, la realidad es que ya no necesito una para tener raíces. Porque van conmigo. Mi casa es ahora «mi
yo vivo» como dice Camus.

Cuidándome cuido mi capacidad de quererme y de
querer. Y cuidando mi casa celebro el valor del ritual
y de lo cotidiano. Y claro que me pierdo, pero conozco
el camino de vuelta. Ese camino es, de hecho, algo que
ya me pertenece.

# 7.
## Efectos contagiosos

«Vivimos para descubrir la belleza, todo lo
demás es una forma de espera.»

KAHLIL GIBRAN

Buscaba una casa de campo para mi nueva vida en aquella isla. Grandota, rara y antigua.

La única que pude encontrar tenía las ventanas tan finas y viejas que me dio miedo pasar frío en invierno. Igual me asustó que fuera demasiado buena para ser verdad, no lo sé.

Aún me resuena aquella amiga rica diciéndome que ella llevaría abrigo de pieles por la casa para poder vivir en una casa más bonita. O para creer que la tiene, qué sé yo.

CUIDAN BIEN
LOS QUE
PRIMERO
APRENDIERON
A CUIDAR DE SÍ
MISMOS

La cuestión es que nuestros cálculos terminaron llevándonos a una casa de jardín infinito y hogar en cualquier estación, pero no tan de campo como había soñado. Y ya muchas noches después sigue repitiéndose el mismo ritual: subo la escalera en silencio cuando ya todos duermen. Y justo entonces cruje el tercer peldaño debajo de la moqueta. Y me digo a mí misma: «Ahí tienes la casa de campo que querías».

Todo tiene un ritmo.

Hace ya muchos años que me llamó la atención aquella frase de Katharine Hepburn hablando sobre que la vida tenía una música escondida que teníamos que aprender a escuchar para bailar con ella. Cuánto escondían aquella música y ese baile.

Algunas cosas suceden todos los días, otras cada semana, aquellas una vez al año, unas cada mes. Algunos de esos ritmos los marcamos nosotros. Otros, la vida. Y conectarnos con esos ritmos nos hace sintonizar con el movimiento de la vida. Y es así también como el tiempo se multiplica o reduce, según sean nuestros pasos de baile. Pero baila siempre mejor el que más practica, al igual que es más fácil hacer reír al que ya sonríe.

Bailamos mucho mejor de lo que creemos cuando nos damos permiso. Porque bien está lo que está pasando en cada momento que no te pierdes mientras llegas a lo que llegas. Sin más. Sin menos. Millones de veces. Escribe José Tolentino en su *Pequeña teología de la lentitud* que «la velocidad a la que vivimos nos impide vivir. Una posible alternativa sería rescatar nuestra relación con el tiempo. Poco a poco, paso a paso». Y día a día, llenando nuestra vida de rituales añadiría yo.

No podría elegir uno favorito, creo que los necesitamos en todas las dimensiones de nuestra vida. Ellos son la manera secreta de transformar el sentido y devolverle el valor a todo. Atentas y conscientes, tejiendo de manera invisible con una actitud que entremezcla nuestra personalidad y la felicidad en el mismo tapiz.

Necesitamos los rituales porque es nuestra capacidad de percibir las cosas la que nos evoca un estado de felicidad. Y descubrirlo transforma la felicidad en la mariposa, como decía Henry David Thoreau: «La felicidad es como una mariposa: cuanto más la persigues, más se escapa; pero si te centras en otras cosas, se posará sobre ti».

Elegir ser feliz es llenar nuestra vida de cosas que hagan que se pose la mariposa. Puede que ser feliz solo sea evocar esa felicidad, convocarla. Y que simplemente tocándola con la punta de los dedos tengamos suficiente.

## El ritual y la belleza

Los rituales se han convertido en la música de mi vida porque nada como ellos captura mis sentidos y atrapa mi atención. Y cuando la atención está presa, todo fluye en un continuo presente.

He terminado por vivir convencida de que el amor por la belleza es contagioso, que buscarla de las maneras que hemos ido viendo en este libro, y de muchas otras, es un entramado delicioso.

Los rituales son como la bobina de un hilo de oro que teje nuestra vida llenándola de sentido y descubrimiento.

La vida está llena de belleza para el que la quiere encontrar. Para el que la busca, la elige y la mira. Y, como seguro que ya te habrás dado cuenta, las leyes de la vida valen para el estilo y las del estilo para la vida.

La belleza nos hace falta. Es la caricia a los sentidos y al entendimiento, la capacidad de expresión de las cosas que no se ven, el amor por lo que somos y lo que tenemos. Nada estaría completo sin el amor por la belleza.

Tan efímera e imperfecta, pero una de las aspiraciones humanas olvidadas, y más deseadas al mismo tiempo. Atraviesa fronteras y corazones para devolvernos en un

# CADA CAMBIO DE ESTACIÓN ES UNA NUEVA OPORTUNIDAD

instante la esperanza de una perfección tan inalcanzable como buscada.

Creo en el estilo, en consecuencia, como en una manera de vivir y de posicionarse en la vida eligiendo llenarla de belleza y felicidad.

## La naturaleza

La naturaleza podría ser también mirada. Cerca de ella retomamos nuestra importancia verdadera, recuperamos la perspectiva y dejamos de vernos tan de cerca. Todo lo que gira en torno a la naturaleza nos alimenta de una u otra manera. Ha sido paseando por ella un día detrás de otro como he descubierto que guardaba todos los secretos y muchas de las respuestas.

No hay nada más bello y más vivo que la vida misma de la naturaleza, desde las flores que florecen porque sí hasta los ritmos de las estaciones. Solo caminar por ella en silencio observándola me ha dado más lecciones de vida que ninguna otra cosa. Y fue a su lado donde empecé a ver los paralelismos entre todo y los ritmos más básicos.

Todo baila al son de la naturaleza. Y hasta nosotros cuando encontramos la manera de no quedarnos sordos.

La naturaleza es otra de nuestras casas en el sentido más primario. Tenerla cerca nos conecta con nuestra esencia. Y nos hace sentir bien porque nos ayuda a reconocer de qué estamos hechos.

Tanto si tienes la posibilidad de disfrutarla a diario como si es esporádicamente, seguro que has comprobado cómo al entrar en contacto con ella nos transformamos. A su lado es más fácil defender la vida que nos ha tocado vivir y proteger nuestra inocencia, reducir el ritmo o, más bien, volver al ritmo natural, a esa cadencia especial que a veces parece que hayamos perdido.

Todo en la naturaleza sucede irremediablemente sin tener que correr. Y así el paso de las estaciones va marcando una vida que se abre paso sin pedir permiso para hacerlo.

Podemos vivir cerca de la naturaleza aunque no la tengamos al lado todos los días. Podemos buscarla en lo que comemos, en los materiales que nos rodean, en la manera en la que consumimos y en cómo cuidamos nuestra piel. Y podemos acompasarnos con ella también desde nuestros armarios, con sus cambios de estaciones y sus movimientos cíclicos, que no son otros que los nuestros.

Pocas cosas he visto que generen más estrés en las mujeres que los cambios de armario. Y creo que la ra-

# EL LUJO
# ES INTERIOR

zón profunda es que hemos perdido el control sobre las estaciones y los ritmos naturales. Y eso nos descentra. Vivir un cambio de estación con el ritmo cambiado en el armario es de las cosas que más nos hacen perder el paso mientras que estar preparados nos acompasa con la vida.

**Fuentes de inspiración**

¿Sabes cuáles son las tuyas? Tener un plan, ver gente por la calle, pasear, dormir suficiente, hacer ejercicio, leer, hacer fotos, darte un baño, hablar, salir a cenar, desayunar con calma, viajar…

Algunas fuentes de inspiración serán más interiores, otras más cotidianas, y algunas extraordinarias, pero todas te mantendrán despierta. Y, a menudo, las cosas que te inspiren serán también cosas que te llenen de energía. Como cuando haces eso que consigue que tu mente se quede totalmente atrapada, perdiendo el sentido del tiempo, esas cosas que conectan con tus pasiones y las alimentan.

Cuanto más cerca te mantengas de las cosas que te apasionan, más llenarás tu vida de inspiración, que no es más que otra manera de evocar la felicidad y la belleza que buscamos.

Tener planes con otras personas, viajar y caminar son algunas de mis fuentes de inspiración, así como la fotografía y las palabras. Pero por encima de todas ellas me inspira todo lo que me pone en contacto con la belleza. Y me conmueve especialmente cuando esa belleza está plasmada en personas que viven con autenticidad. La belleza en las personas es mi favorita.

Debemos crear entornos y realidades que nos pongan en contacto con ella, que nos reconcilien con la belleza que necesitamos. Belleza llama a belleza. A mí me gusta cuando es pura, armónica, poética, auténtica, sencilla y natural. Pero no a todos nos gusta el mismo tipo de belleza.

¿Cómo es la que te gusta a ti? Generalmente lo que la defina conectará con tu personalidad y tu manera de vivir. Y buscar ese tipo de belleza te ayudará a conectar más con ella.

# SI ES BONITO ES FELIZ, Y AL REVÉS

## Niñas con alma de artistas

Ya en los cuarenta me parece que por mucho que recuerde no es suficiente y que la vida adulta llega siempre demasiado pronto, pero ni mis primeras canas me impiden creer que siempre podemos ser niñas. O volver a serlo si es que nos olvidamos. Y pedirle a nuestra niña que se quede porque nunca debería marcharse. Con su capacidad de asombro y su habilidad para volver la vida ligera. Ella que sabe cómo bailar y volver a reír justo después de llorar. Esa niña que solo sabía vivir en el presente, como si no hubiera otra cosa, y era verdad que no la hay.

Nunca olvidaré a mis pequeñas hablando en la mesa de la cocina: «Mira, yo te lo explico, cuando seas mayor querrás ser pequeña y cuando eres pequeña quieres ser mayor».

Bien podrían haber escrito ellos este libro, si es que no lo han hecho de alguna manera. Porque ha sido cerca de mis hijos donde he descifrado muchos misterios y donde aprendí a ser niña de nuevo. Y a sonreírle a la vida.

Podría ser, solo podría ser, que aún no lo hayas descubierto. O que tal vez lo supieras, pero lo hayas olvidado. Porque es muy fácil olvidarse de las cosas más sencillas. Sobre todo cuando les negamos la posibilidad de expresarse.

De eso va el estilo, de recordar, de descubrir, de mantenerse fiel a uno mismo. Eso es el estilo conectado con la felicidad. Y yo no quiero saber de ningún otro.

Te deseo que seas felizmente abundante, que elijas una vida inmensamente bonita y que le pidas a la niña que vive dentro de ti que cuide siempre de tu alma de artista.

En un libro de estilo, y donde sea, ¿de verdad existe algo más importante que descubrir qué nos hace felices?

Espero que cada gesto, cada paso, cada ritual y hasta la ropa que te pones cada día te hagan conectar una y otra vez con tu sueño más genuino: el de ser feliz, que lo descubras, lo expreses y lo camines.

Porque si es feliz es bonito. ¿O era al revés?

Hasta donde sea que volvamos a encontrarnos,

*Andrea.*

# *Anexo* |

Ahora que hemos terminado este viaje reflexivo déjame que te cuente algo. Otro de mis libros (El estilo que te hace feliz) está totalmente dedicado a la dimensión más práctica de todo esto: pistas, ejercicios y algunos métodos propios de orden y ligereza que te guiarán en el camino de tu estilo.

He querido proponerte siete ejercicios para terminar este libro pasando a la acción. Los he escrito pensando en que sean tus primeros ejercicios de estilo, para que te acostumbres con ellos a pensar en tu estilo de otra manera.

Nada me haría más feliz que saber que gracias a alguno de ellos diste el primero de los pasos hacia una nueva manera de vivir tu estilo. Y que te pusiste en marcha. Si eso sucede, habrá muchas posibilidades de que dibujes un camino solo de ida y que ya no quieras caminar hacia atrás.

1. **Cinco preguntas delante del armario:**
   - Qué es lo que más se repite
   - Cuántos colores ves
   - Qué tipo de prenda falta
   - Qué podría guardar en otro sitio
   - Cómo podría hacerlo más bonito

2. **Ser, tener y hacer.** Haz la lista de las cosas que te producen frustración, preocupación o malestar ahora mismo. Sin pensar demasiado. Una vez que tengas la lista, divídelas en tres grupos según tengan que ver con: **tener, ser** o **hacer.**

   Elige la que te parezca más importante en cada grupo y trata de hacer un plan de acción para cambiarla. Verás que la mayoría son más sencillas de arreglar de lo que piensas y que atendiendo una conseguirás entrar en una inercia positiva con las demás.

3. **Cuenta cuántas prendas tienes en tu armario y anótalo en un papel.**

4. **¿Qué cosas «imprescindibles» podrían desaparecer de tu armario?** Ropa de otra talla, ropa que no usas, menos ropa de temporada, cosas con valor sentimental pero que ya no te pones…

5. Define tus fuentes de energía y de inspiración y tus maneras favoritas de expresión.

6. Prepara tres *looks* cómodos y bonitos para estar en casa siguiendo esta receta mágica:

   • Combina distintas texturas para evitar *looks* «solo de algodón».
   • Elige materiales suaves y colores neutros.
   • No uses ropa muy vieja, que no te guste o con la que no te gustaría que te vieran.
   • Compra algo nuevo solo para estar en casa.

7. ¿Cuáles dirías que son tus porqués? ¿Qué cosas mueven tu vida y la búsqueda de tu felicidad?

# *Agradecimientos*

A los que me leen desde el principio.

A los que me quieren sin conocerme.

A los que me han enseñado todo de la palabra conexión.

A los que solo me leerán una vez.

A los que nunca me leerán.

A los que se quedaron en el camino.

A los que siempre estarán a mi lado.

A mis amigas de siempre. Y a las nuevas que parecen de siempre.

A las que ya no lo son, pero que de alguna manera sigo queriendo.

A la editora más paciente y más lista que se puede tener.

A todos los que en la editorial hacen que mis palabras lleguen más lejos.

A mi madre, por darme lo que necesitaba para construir mis hogares y ser el primero.

A mis dos abuelas.

A mi padre, que es el capitán de los vientos que me llevan a casa.

A mis dos abuelos.

A mis tías, mi madrina y mis primos.

A mis diez hermanos, a cada uno de ellos. Y a los que hicieron sus vidas, y la mía, aún más grandes.

Al amor de mi vida, por venir a buscarme y elegirme cada día.

A nuestros cinco hijos, a cada uno de ellos. Tan distintos y tan perfectos para mi corazón.

A la vida, a mis sueños cumplidos y a los que me quedan por cumplir.

# *Nota final* |

Te escribí este libro desde mi casa en Inglaterra y desde algunas mesas en otros rincones de este país tan curioso como bonito. Olía a aceite esencial de mandarina durante el día y por las noches a cedro y *ylang ylang*. Terminarlo me costó toda una vela de Jo Malone de *lime basil* y (de nuevo) mandarina. Sonaba Frank Sinatra, Andrea Bocelli cuando querían fallarme las fuerzas, Elvis Presley y mucha música instrumental. Y la *playlist* «Amoretti Estación Invierno».

Quiero que sepas que conseguir escribir este libro me ha costado tres intentos. Los dos primeros, fallidos, muy dolorosos para mí. Y con esto he recordado que las cosas salen cuando tienen que salir y se encuentran con alguien (o con varios) en disposición de empujarlas las veces que sea necesario.

*Empieza por los zapatos*

En los últimos días, cuando ya podía adivinar el final desde mi ventana, pasaron casi todas las estaciones frente a estar en invierno. Nevó, llovió, sopló el viento, bailaron las nubes y salió el sol volviéndolo todo luminoso, y haciéndome creer por un instante que sería verdad que este libro iba a hacernos más felices.

# *Sobre la autora*

- Creo que la vida es un cúmulo de no casualidades y que las cosas inesperadas son las que más nos cambian.
- Pienso mientras escribo y escribo pensando.
- Si no escribo, leo.
- Mi ADN creativo pasa por las palabras, los detalles y las historias.
- Nací en Galicia el último mes del año al final del otoño.
- El porqué de mi trabajo es la felicidad de las mujeres.
- Estudié periodismo y un MBA en gestión de empresas de moda.
- Con los años me convertí en algo para lo que no había estudiado: escritora y estilista poco convencional.
- Soy feminista.
- A veces me dicen que parezco una *coach* del estilo.
- Volvería a casarme con mi marido catorce años y tres países después.

- Soy madre de cinco hijos: cuatro niñas y un niño.
- Para vivir dame un bosque y una mesa.
- Empecé mi carrera profesional en el mundo de la moda.
- Valoro la buena compañía por encima de todo.
- Creo en la intuición.
- Me encantan las conversaciones con hombres y con mujeres.
- Si tengo que elegir entre estilo y felicidad, me quedo con las dos.
- Me gusta pensar que seguiré escribiendo (y compartiendo) toda la vida.
- Quiero hacer cosas útiles y me obsesiona crear contenido de valor.
- Me gusta empezar y acabar los días en silencio.
- Encuentro la felicidad en las dosis que me regala la vida mientras no dejo de buscarla.
- Mi lema: si es bonito, es feliz.

Su opinión es importante.
Estaremos encantados de recibir sus comentarios en:

www.plataformaeditorial.com

Vaya a su librería de confianza.
Tener un librero de cabecera es tan recomendable
como tener un buen médico de cabecera.

«*I cannot live without books.*»
«No puedo vivir sin libros.»
<small>THOMAS JEFFERSON</small>

Plataforma Editorial planta un árbol
por cada título publicado.